Você Globalizado

Você Globalizado

Dez estratégias para atuar como um executivo global

**SUSAN BLOCH
&
PHILIP WHITELEY**

Tradução

Nivaldo Montingelli

Rai
EDITORA

Título original: THE GLOBAL YOU: TEN STRATEGIES TO OPERATE AS AN INTERNATIONAL BUSINESS PLAYER
Copyright © Susan Bloch and Philip Whiteley 2011
Copyright licensed by Marshall Cavendish International

Todos os direitos reservados. Nenhuma parte desta obra pode ser reproduzida ou transmitida por qualquer forma ou meio eletrônico ou mecânico, inclusive fotocópia, gravação ou sistema de armazenagem e recuperação de informação, sem a permissão por escrito do editor.

COORDENAÇÃO EDITORIAL
Mayara Enohata

ASSISTÊNCIA EDITORIAL
Deborah Reis

PREPARAÇÃO
Denise Dognini

REVISÃO
Ricardo Franzin

PROJETO GRÁFICO, CAPA E DIAGRAMAÇÃO
SGuerra Design

ASSESSORIA EDITORIAL E DE ARTES
Patricia Nascimento

CIP-BRASIL. CATALOGAÇÃO-NA-FONTE
SINDICATO NACIONAL DOS EDITORES DE LIVROS, RJ

B611v
Bloch, Susan
Você globalizado : dez estratégias para atuar como um executivo global / Susan Bloch & Philip Whiteley ; [tradução Nivaldo Montingelli]. - São Paulo : Rai ; Londres, Inglaterra : Marshall Cavendish, 2011. 136 p. ; 23 cm

Tradução de: The global you
Inclui bibliografia
ISBN 978-85-63672-68-1

1. Grupos de trabalho virtuais - Administração. 2. Liderança. 3. Multinacionais - Administração. I. Whiteley, Philip. II. Título.

11-3027.

25.05.11   31.05.11

CDD: 658.4022
CDU: 005.743
026742

Direito de edição

RAI EDITORA
Avenida Iraí, 143 – conj. 61
Moema
04082-000 – São Paulo – SP
Tel: 11- 2384-5434
www.raieditora.com.br
contato@raieditora.com.br

SUMÁRIO

Introdução: trabalhando no mundo sem fronteiras　　　7

AS DEZ ESTRATÉGIAS

1. Pense global　　　13
2. Aprenda a trabalhar em um contexto multicultural　　　29
3. Viaje sempre que puder – por lazer ou a trabalho　　　41
4. Aprenda um novo idioma　　　51
5. Aprenda a aprender fora da sala de aula　　　65
6. Seja virtual permanecendo real　　　79
7. Trate o trabalho em equipes multiculturais como uma habilidade essencial　　　93
8. Construa sua rede pessoal de contatos　　　105
9. Eleve seu perfil global　　　113
10. Administre seu tempo através dos fusos horários　　　125

Conclusão: acerte a vela para pegar o vento global　　　133

Bibliografia　　　137
Agradecimentos　　　139

INTRODUÇÃO:
TRABALHANDO NO MUNDO SEM FRONTEIRAS

Quando algumas das maiores instituições financeiras do mundo entraram em crise, em 2008, foram basicamente os governos nacionais que as salvaram. Eles usaram dinheiro dos contribuintes para salvar os bancos ou as seguradoras "deles" – mesmo quando, como no caso do Royal Bank of Scotland ou da AIG, os interesses das empresas se estendiam por todo o mundo.

Isso significa que, apesar de toda a conversa sobre um mundo sem fronteiras, a globalização é somente superficial e, "na realidade", ainda vivemos em um mundo de Estados-nações?

Seu país ainda é evidentemente uma entidade poderosa, que determina seu passaporte, o idioma que você fala, seu direito de trabalhar em partes específicas do mundo e os impostos que paga. Ele também pode exigir que você preste o serviço militar. Em alguns países, você até conta com o Estado para assistência médica e aposentadoria. Então, no nível institucional, a nação se mantém importante como fator de influência. Pense no que o futebol ou as Olimpíadas fazem ao orgulho – ou à vergonha – nacional.

Contudo, o Estado-nação não domina todos os campos. Mesmo no exemplo do salvamento de bancos, grupos internacionais como o G8 e o G20 estão muito interessados na adoção de arranjos internacionais para evitar a repetição da crise de 2008. A questão é saber se eles irão conseguir se movimentar com alcance e rapidez suficientes. A crise de crédito deu aos primeiros-ministros e ministros de finanças o maior susto de suas vidas. Muitos estão cientes de que as empresas internacionais do setor privado poderão, um dia, gerar passivos que nem mesmo os governos mais ricos poderão enfrentar. Dado o nível de endividamento de muitos países, o destino que se abateu sobre a Islândia, arruinada por seus bancos internacionais, poderá afetar países maiores. A Grécia ainda está lutando pelo apoio da Alemanha e da União Europeia. A regulamentação e o planejamento contingencial estão passando para a esfera internacional.

E, em outros setores, a recessão e a crise econômica provocaram mais, e não menos, fusões internacionais. Por exemplo, as empresas de transportes aéreos costumavam ser caracterizadas como "bandeiras" de seus Estados-nações. Hoje, este termo é um anacronismo na medida em que as "bandeiras" buscam segurança através de fusões. A British Airways e a Iberia confirmaram sua união em abril de 2010, em uma associação culturalmente similar à tomada do controle do banco Abbey pelo Santander alguns anos antes. Isso não está acontecendo somente para empresas aéreas. Na fabricação de carros, a compra da Volvo pela Geely significa que chineses e suecos irão trabalhar em conjunto, enquanto na produção de aço, a compra da Corus pela Tata dará aos indianos, holandeses e britânicos a mesma oportunidade. Claro que há inúmeros outros exemplos.

Assim, mesmo que você queira trabalhar para uma empresa "nacional", essa opção está desaparecendo rapidamente. Você faz parte da economia global e, provavelmente, de uma experiência de trabalho multicultural, mesmo que esse não seja seu plano de carreira. E na medida em que as flutuações cambiais e taxas nacionais de juros afetam o comércio exterior, hoje, algumas das mais fortes dinâmicas econômicas não têm mais fronteiras.

Mas será que *seu* modo de pensar, ou o da sua empresa, é realmente sem fronteiras?

Na verdade, não há opção a não ser pensar a respeito de como você pode se tornar um trabalhador global – e, em última análise, o que chamamos de *Você Global*. Não é possível ocultar sua origem – nem é recomendável –, nem absorver todas as culturas e visões do mundo. Mas pode-se começar a perceber o mundo de diferentes pontos de vista e tornar-se mais consciente de sua própria cultura – seus pontos fortes e suas limitações – e assimilar os méritos de outras.

Uma tendência que observamos ao longo dos anos é o crescimento da migração – com frequência de profissionais de classe média, e não exclusivamente de pessoas que tentam fugir da pobreza. Há mais pessoas cujo ponto de vista torna-se "global", por acidente e por decisão própria.

As invenções que permitem viagens rápidas entre os continentes e comunicação instantânea através da internet estão mudando mais depressa do que nossa capacidade de compreender as "novas" culturas e as maneiras de trabalhar com elas. Nós, que formamos a "internet humana", precisamos aprender a ouvir uns aos outros, a resolver problemas e a tomar decisões rápidas em outras partes do mundo que podemos, de fato, não compreender. Ainda somos como mulas que lutam ofegantes para alcançar o trem-bala tecnológico.

Existe nos negócios a tendência de se acreditar que o trabalho internacional se concentra principalmente em logística. Porém, nossa experiência, em conjunto com nossos dados de pesquisa, mostra que esse é um desafio muito mais multidimensional. Muitas vezes, o maior desafio está mais na construção de relacionamentos e na criação de entendimento mútuo do que nas aptidões técnicas. Se Tony Hayward, CEO da BP, tivesse se dado ao trabalho de fazer contato com o pessoal operacional tão logo começou o vazamento de petróleo no Golfo do México, não seria possível que ele e sua empresa estivessem hoje em melhor posição?

Para operar no cenário global é importante ser curioso, adaptável e sentir-se à vontade com a incerteza e a ambiguidade. Muitas vezes o trabalho global significa conciliar opostos evidentes: compreender que a economia é, ao mesmo tempo, nacional e global; aceitar que as pessoas são as mesmas, mas diferentes; respeitar outras culturas, mantendo-se, ao mesmo tempo, fiel aos seus valores; buscar o alinhamento da sua equipe de trabalho, mas tolerar diferentes opiniões; ser assertivo como indivíduo e promover o trabalho em equipe; usar comunicações virtuais simultaneamente ao aprofundamento de relacionamentos reais; reconhecer que o aprendizado de novos idiomas, apesar de difícil, gera o conforto do conhecimento multicultural. Uma vez que aprenda a lidar com a ambiguidade desses termos aparentemente irreconciliáveis – e de fato casar-se com eles –, você estará a caminho de se tornar o Você Global.

Isso pode parecer desanimador, mas procuramos deixar essa busca para se tornar o Você Global tão prática quanto possível. Quando você visita um país desconhecido, é útil levar um guia. Nosso objetivo é criar um guia de viagem para esse país desconhecido denominado "trabalho sem fronteiras".

Nossas observações e nossos conselhos se baseiam em pesquisas, debates, entrevistas, orientação e experiência pessoal. Viemos de culturas e países diferentes e, no conjunto, vivemos e trabalhamos em todos os continentes, com exceção da Antártida. Além disso, realizamos pesquisas com mais de 700 trabalhadores e entrevistas com outras dezenas. Em sua maioria, eles trabalham em um contexto global – cerca de 20% não haviam tido experiência global – e têm histórias positivas para contar a respeito de trabalhar e prosperar em equipes internacionais complexas. Todos esses dados foram calibrados e reduzidos a dez estratégias claras:

1. **Pense global**. Você está em dia com os climas socioeconômico e político nos países com os quais está operando? Quando acorda pela manhã, você lê notícias locais ou internacionais? Assiste a alguns dos canais de notícia internacionais? Estudou a governança e as complexidades legais das empresas com as quais pretende operar? Você está desenvolvendo constantemente essa atitude "sem fronteiras", tão essencial para uma visão global do mundo?
2. **Aprenda a trabalhar em um contexto multicultural**. Estude os "faça e não faça" de diferentes culturas, países e religiões. Você precisa ser capaz de atuar com pessoas de todo e qualquer lugar, ignorando preconceitos e estereótipos a respeito de religiões e culturas, absorvidos de forma inconsciente ao longo dos anos.
3. **Viaje sempre que puder – por lazer ou a trabalho**. E quando o fizer, reserve tempo para pegar um ônibus ou trem e se misturar com as pessoas locais, em vez de ficar no seu hotel de "estilo ocidental", desligado da população local. Imergir em outra cultura é a melhor maneira para entendê-la. Aceite uma posição em outro país; compareça a conferências; visite sites de empresas. Para quem não pode deixar seu país, ainda há maneiras de obter conexões internacionais.
4. **Aprenda um novo idioma**. A aprendizagem de um novo idioma não se resume ao conhecimento técnico de vocabulário e gramática. Também abrange o aprendizado de uma visão diferente do mundo, baseada nas características distintas do idioma em questão – termos que não têm equivalente direto; outras palavras que parecem semelhantes, mas que têm um significado sutilmente diverso. Isso permite que o Você Global supere a frustração mais comum do trabalho global: dificuldades na comunicação. E também há muitas vantagens ocultas.
5. **Aprenda a aprender fora da sala de aula**. Aprenda com "webinários" (seminários baseados na web), *podcasts*, palestras à distância, videoconferências, aprendizado móvel (MEL) e até mesmo jogos. No mundo global, você também terá de aprender a sentir-se à vontade com ambiguidades, a considerar o "grande quadro" e a assimilar contextos que mudam rapidamente.

6. **Seja virtual permanecendo real**. Atualize constantemente suas aptidões multimidiáticas; familiarize-se com formas virtuais de comunicação e escolha o melhor meio. Para alguns fins, a videoconferência é perfeita; para outros, o telefone é melhor; e algumas vezes é preciso um encontro pessoal. Uma nova tecnologia é apenas um meio para um fim, pois tudo é comunicação. O meio deve se ajustar à mensagem.
7. **Trate o trabalho em equipes multiculturais como uma habilidade essencial**. Muitas vezes as empresas precisam de alcance global para serem viáveis – isto significa trabalhar em equipes internacionais com membros de diferentes culturas. Essas diferenças podem ser produtivas: as melhores soluções se desenvolvem a partir de um debate saudável sobre ideias diferentes, portanto, aprenda a fazer as perguntas certas e ouça as respostas.
8. **Construa sua rede pessoal de contatos**. Com frequência, as estruturas são fluidas. Você pode trabalhar em uma estrutura matricial e gerenciar pessoas que não são suas subordinadas. Operar globalmente significa gerenciar relacionamentos, não estruturas empresariais. Isso ajuda a traçar um mapa dos seus colegas, clientes e fornecedores mais importantes. Quem é de fato importante? São essas as pessoas com as quais você passa mais tempo falando e se relacionando? Em uma empresa menor, ou como operador autônomo, essas redes tornam-se ainda mais críticas.
9. **Eleve seu perfil global**. A *Web 2.0* oferece oportunidades para que você promova o perfil da sua carreira assumindo o papel de editor *on-line*, criando assim uma rede internacional de contatos – o que ajuda na identificação de novos clientes e mercados, na conexão com pares e amigos e na maximização das oportunidades de aprendizado.
10. **Administre seu tempo através dos fusos horários**. Muitas vezes você poderá começar seu dia cedo, ou terminá-lo tarde para se conectar com colegas, clientes ou fornecedores que estão em fusos diferentes. Aprenda a se adaptar a pacotes de tempo estranhos, evite o *jet lag* e tenha consciência da hora mundial na ponta dos dedos.

Capítulo a capítulo, essas dez estratégias serão analisadas uma por vez. Preparação, planejamento e prática são os "3 Ps" que irão garantir o sucesso na implantação dessas estratégias.

1
PENSE GLOBAL

Sunil Gupta começou seu dia cedo em Nova York, tendo ajustado seu despertador (*Made in Japan*) para as 6 da manhã. Enquanto sua cafeteira preparava o café, ele se barbeava com seu barbeador elétrico (*Made in Korea*). Ele vestiu uma camisa (*Made in Myanmar*), um terno (*Made in Singapore*), uma gravata (*Made in Thailand*) e sapatos (*Made in China*, com design italiano). Fritou um ovo em sua nova frigideira (*Made in India*) e, depois de acertar seu relógio (*Made in Taiwan*) com o rádio (*Made in India*), entrou em seu carro (*Made in Germany*). No caminho para o trabalho, encheu o tanque de gasolina (da Arábia Saudita) e, no escritório, verificou seu *e-mail* no PC (*Made in Korea*) e recebeu uma ligação em seu celular (*Made in China*), utilizando o mais recente *software* (projetado nos EUA).

"Hoje em dia é muito difícil ser uma empresa realmente doméstica", observa Andrew Sherman, professor-adjunto dos programas de MBA e MBA Executivo da Universidade de Maryland, em entrevista ao site de negócios portfólio.com. Ele acrescenta:

"Até mesmo o restaurante local, que fica rua abaixo, pode estar comprando alguns de seus ingredientes ou suprimentos no exterior. Se você é uma empresa regional, por exemplo, na região sudeste dos Estados Unidos, ainda há muitos países em que você não penetrou. Mas em algum momento você será contatado por um cliente ou fornecedor de outro país, ou irá se interessar por um mercado externo. Pode ser o Canadá, as Ilhas Cayman ou a América Latina".

Mesmo que nunca tenha deixado o estado em que se encontra, você ainda está ligado a uma economia global. Na verdade, você pode não perceber, mas depende dela para itens básicos, como alimentos. Isto vale até mesmo para países em que a base alimentar é um dos principais produtos agrícolas. Em outubro de 2009, o canal Bloomberg noticiou:

"Os preços do arroz no mercado futuro atingiram seu ponto mais alto em nove meses em Chicago depois que as Filipinas, maior importador do mundo, declararam que poderão elevar suas compras no exterior devido às tempestades que prejudicaram a colheita doméstica".

Um estado de mente global

Se você está lendo este livro, conhece a importância disso. Você pode estar engajado globalmente, como trabalhador "sem fronteiras" ou como consumidor. Pode estar trabalhando em um país diferente daquele em que nasceu. Também pode ter descoberto que, para toda a nossa interconexão através do comércio, pessoas de diferentes partes do mundo ainda têm pontos de vista culturais muito diferentes. Existem diferenças culturais que podem afetar nosso trabalho e não devem nem podem ser ignoradas.

Porém, antes desses desafios da interação global, há um ainda mais básico: como vemos a nós mesmos, nossas empresas, nosso país-natal e seus respectivos papéis no mundo? Pensamos local ou globalmente? Será que nos preocupamos principalmente com os consumidores, as leis e as políticas de uma nação ou estado, ou aprendemos a pensar simultaneamente através de fronteiras?

O objetivo deste livro é encorajar uma visão do mundo mais global, que o prepare para tirar o máximo proveito das vantagens da economia interconectada. Isto é relevante para você de muitas maneiras:

- Você nunca sabe quando estará trabalhando no exterior, vivendo lá ou em viagens curtas de negócios.
- Você poderá, de repente, se ver em uma empresa multicultural e sem fronteiras, por exemplo, em consequência de uma fusão internacional.
- Seus clientes hoje podem ser locais, mas quem sabe quando estarão em outro país?
- Os bens e serviços que você está vendendo podem depender, parcial ou totalmente, de fornecedores ou parceiros em outro país. Por exemplo, pense em com quem está falando quando liga para seu banco. Pode ser um *call center* na Irlanda, Polônia, África do Sul ou Índia. Ou pode ser local.

Ter uma atitude global, reconhecer comportamentos globais e desenvolver traços globais – em outras palavras, cultivar o Você Global – são itens essenciais para manter alta sua empregabilidade. O que pode ser mais importante, em tempos de incerteza econômica, do que garantir que as empresas vão sempre querer trabalhar com você ou para você?

Não é preciso que o Você Global tenha igual conhecimento de todos os países do mundo ou lhes dê a mesma atenção. O importante é compreender visões diferentes do mundo e conceber uma visão multipolar. Nunca se sabe quando seu conhecimento, sua atitude e seus traços serão convocados a participar do cenário internacional.

Não existe o centro do mundo

Em 1988, a revista *National Geographic* pediu a 3.800 crianças de 49 países que cada uma desenhasse um mapa do mundo. Todas elas, inclusive as africanas e asiáticas, desenharam a Europa no centro de seus mapas.

Isso refletiu a influência mundial de uma visão de mundo culturalmente muito específica – a do imperialismo europeu do século XVI –, imortalizada na projeção de Mercator, autor do mapa-múndi certamente mais visto.

Mapas nunca são neutros. A projeção de Mercator, do século XVI, coloca a Europa no centro, mas ela foi desenhada por um cartógrafo europeu para navegantes europeus. Ela usava fidelidade dos ângulos, que fazia os países parecerem maiores quanto mais próximos estivessem dos polos. Ela reflete o domínio do poder econômico europeu nos séculos XVI a XX. Versões posteriores aumentaram a distorção, mudando sutilmente a linha do Equador para a metade inferior do mapa, de forma que o Hemisfério Norte tomasse cerca de dois terços da área mapeada. Os visitantes europeus que vão para, digamos, a América do Sul podem se surpreender com as distâncias envolvidas. O rio Paraguai, que parece modesto em um mapa convencional, na verdade faz parte de um dos maiores sistemas fluviais do mundo. A viagem por ele a partir de Assunção, no Paraguai – que apesar de estar a 1.600 km do mar tem um porto de águas profundas –, até o Pantanal, no Brasil, demora nada menos que quatro dias.

Da mesma forma, os mapas imperiais britânicos eram deliberadamente distorcidos para fazer que o Hemisfério Norte parecesse maior que o Hemisfério Sul (e para que tivessem, é claro, um quarto das massas de terra do mundo pintadas com as cores do Império). A Groenlândia parecia maior que o Brasil, quando, na realidade, tem um quarto do seu território. As Ilhas Britânicas pareciam um arquipélago de porte médio localizado perto do centro do mundo, em vez de um pequeno conjunto de ilhas próximo de um dos polos.

Esses velhos mapas baseados na Europa, caso fossem representados em 3D, se pareceriam com uma pera invertida: um Hemisfério Norte bojudo, maior que a realidade, e um Hemisfério Sul encolhido. Estas representações demonstram a maneira como as pessoas veem o mundo em termos da importância das diferentes regiões – neste caso, com a Europa ocupando a posição principal.

Mas será que este domínio europeu está chegando ao fim? Em março de 2010, o jornal espanhol *El País* publicou um artigo intitulado "A Europa é apagada do mapa". O artigo citava uma pesquisa da *National Geographic* e mostrava como os cartogramas e a ordem mundial em evolução estão mudando os mapas reais e imaginários por meio dos quais vemos o mundo. (Por exemplo, em sites como o worldmapper.org, os territórios do mundo podem ter suas dimensões alteradas de acordo com vários parâmetros – preços de imóveis residenciais, renda das mulheres, consumo de combustível proporcionalmente ao número de partidas de aviões, número de leitos hospitalares, assinantes de celulares.)

O artigo também chamava atenção para as projeções econômicas e demográficas, indicando que EUA, China, Brasil e Índia serão as potências dominantes no século XXI, e concluía perguntando se, lá pelo ano 2050, "se a *National Geographic* repetisse o experimento, as crianças europeias iriam desenhar China e EUA no centro e relegar a Europa para o extremo ocidental do mapa".

Quanto à visão imperial britânica, existe hoje um mapa do mundo que inverte a imagem mais comum. Ele mostra o Hemisfério Sul no alto, com a Nova Zelândia colocada quase no centro, e é intitulado "Nunca mais por baixo".

Não é possível ter certeza de onde estarão os futuros centros de poder econômico. Mas uma coisa está clara: não existe mais – se é que um dia existiu – um centro único mais importante do mundo. Esta percepção é particularmente importante se você vive em um lugar grande "onde as coisas acontecem", como Nova York, Xangai, Berlim, Rio de Janeiro, Mumbai ou Londres. Ele pode parecer o centro de todas as coisas importantes, mas neste mundo multipolar isso é uma ilusão.

Com o que seu mapa se parece?

É provável que cada um de nós tenha seu próprio mapa embutido no subconsciente. Ele pode ser semelhante àquele centrado na Europa – ou muito diferente. Assim, um exercício útil para começar a "pensar globalmente" é perguntar a si mesmo: Qual é a forma do mapa?

As influências culturais que absorvemos desde a infância podem ter exagerado ou minimizado a importância de determinadas regiões, distorcendo seu peso verdadeiro. Até mesmo termos aparentemente definidos sob o aspecto geográfico podem significar coisas diferentes para pessoas diferentes, dependendo do tipo de ensino. Como dois desses termos ambíguos ou contenciosos são "América" e "China", isso não é pouca coisa.

Além de nossas percepções de tamanho e influência, temos noções de amizade ou hostilidade de outras nações, regiões ou grupos com base na história da cultura em que fomos criados. E elas podem ser muito fortes. Por exemplo, se você é um americano com menos de 40 anos, qual é a imagem do Irã com a qual foi criado, considerando-se o impacto da revolução de 1979 e suas consequências? O mesmo se aplica se você nasceu no Irã.

Não podemos erradicar a influência dessas percepções subconscientes, mas tornando-as conscientes chegamos a uma visão mais equilibrada. Este é um exercício útil como parte do processo de se tornar um trabalhador global.

Assim, como é o seu mapa? Ainda é aquele da sua infância? Ele ainda guia sua visão do mundo? Existem nele distorções sérias que merecem ser questionadas? Quais são as narrativas por trás dessas imagens? Quem são os heróis? Quem são os vilões?

Nossa vizinhança, nossa empresa e nosso governo dominam nossa consciência. Seus assuntos parecem importantes. E dentro do contexto o são, mas podem ser de pouca importância em termos globais. Pensar globalmente envolve a compreensão de diferentes visões do mundo. Mas um requisito ainda mais básico está ganhando visibilidade: o reconhecimento do tamanho, bem como da diversidade, da crescente população humana.

Onde você obtém suas informações?

Imagens e histórias absorvidas em nossa juventude podem ser reforçadas ou questionadas pelas mensagens que recebemos diariamente. Isso torna nossas fontes de informação um dos assuntos mais importantes a serem contemplados quando passamos a pensar de forma global. Quando estiver assistindo, lendo ou ouvindo notícias, lembre-se de incluir alguns canais de notícias internacionais em vez de confiar somente em canais, jornais ou websites locais. É importante analisar a governança, a história e as complexidades legais das empresas com as quais você pretende fazer negócios e dos países em que elas estão.

> ## EXERCÍCIO: PEGUE UM GLOBO E FAÇA-O GIRAR
>
> Esta ideia vale para o caso de você ter vivido em um só país ou em uma região. Pegue um globo e faça-o girar para que você olhe para ele de um ângulo novo. (Você pode usar o Google Maps, mas a representação em uma tela plana envolve distorção; assim, um velho globo é melhor.)
>
> Olhe para o mundo desse novo ângulo por alguns minutos. Ele parece diferente? Seu senso de ponto focal "parece" diferente? Talvez você esteja surpreso pelas grandes dimensões da Indonésia ou do México. Talvez "sua" parte do mundo, que você havia assumido tacitamente como centro de todos os assuntos importantes, agora pareça estar em um pequeno canto distante. É claro que, de repente, ele pode ter-se tornado menos importante; o que mudou foi sua consciência de um mundo maior e multipolar, com centenas de mercados e milhares de visões de mundo diferentes.
>
> Agora, escolha cinco países, além do seu, que você julga conhecer bem e responda às seguintes perguntas:
> - Quem é o primeiro-ministro ou presidente?
> - Qual é o principal idioma lá falado? Que outros idiomas são falados pelos habitantes locais?
> - Que religião eles praticam?
> - Quais são os mais importantes produtos ou serviços disponíveis nesses países? (Por exemplo, para a Suíça poderiam ser serviços bancários e turismo.)
> - Qual é a população total?
> - Você já conheceu ou trabalhou com alguém desse país?
>
> Este exercício é particularmente valioso para aqueles que vivem em países ricos, cuja economia doméstica é poderosa. Mas mesmo que você tenha viajado ao exterior ou lá trabalhado por muito tempo, é útil refazer este exercício de tempos em tempos.

Se você está sediado na Costa Leste dos EUA, além de obter informações apenas pelo *New York Times*, o canal Bloomberg News, a CNN e a Fox, experimente ler o *International Herald Tribune*, *The Economist* e o *Times of India* ou ouvir o BBC World Service ou a Al Jazeera. Quase todos esses veículos estão disponíveis na internet. Esta coleta de notícias equivale a olhar para o mundo de uma posição privilegiada. Isso poderá lembrá-lo de que o resto do mundo não se importa com a reforma do sistema de saúde dos EUA, a menos que sua política, altamente criticada, afete a posição do Presidente Obama. Contudo, este é um assunto com o qual todos os americanos estão preocupados.

Se você se baseia principalmente em fontes do seu próprio país para se informar sobre eventos do mundo, supondo que elas tenham grandes e boas seções sobre o exterior, isso deixa grandes vazios em seu conhecimento. Na maioria dos países, a cobertura noticiosa sobre o exterior reflete os padrões históricos de relações comerciais da nação e da origem dos seus cidadãos. Portanto, a seção de notícias sobre o exterior provavelmente não oferece uma visão equilibrada dos assuntos mundiais.

Por exemplo, os distúrbios políticos do Peru em décadas recentes receberam muito mais cobertura do *El País* de Madri do que do *The Times* de Londres. Este costuma dar prioridade a eventos de magnitude semelhante ocorridos na África do Sul, Austrália, na Índia ou no Zimbábue – países anteriormente membros da Commonwealth. Por extensão, todos os países de fala espanhola podem ser considerados membros de uma região econômica, apesar de estarem em continentes diferentes, em virtude da profundidade e da extensão de suas relações comerciais, dos investimentos e da migração entre eles. Consequentemente, é provável que deem mais atenção às notícias sobre eles do que às notícias sobre países que não sejam de fala espanhola.

Sair do silo nacional

Como a globalização já existe há muito tempo – desde a civilização Harappan, no Vale do Rio Indo (4000 a.C.), passando pelos gregos e romanos (1000 a.C.) até as grandes explorações do século XV –, é surpreendente descobrir como os líderes dos negócios ainda enfrentam o desafio de uma orientação global, especialmente agora que a tecnologia permite que eles se comuniquem a qualquer momento com quase todas as partes do mundo.

Essa luta reflete a diversidade global e a dificuldade para se reconhecer e adotar as diferentes visões do mundo. Além disso, os termos de referência universais dos negócios – o balanço, o compartilhamento de produtos, em especial aqueles baseados em computadores – dão uma ilusão de universalidade à economia internacional, deixando todos patinando na superfície.

> Todo o trabalho de *backup* de dados da minha empresa foi terceirizado para uma empresa na Índia, em Ahmedabad. Pensei que aquilo iria trabalhar como um relógio. Depois de cerca de seis meses, achei que seria bom ir até lá e conhecê-los. Para começar, eu não havia me dado conta de como Ahmedabad era distante de Mumbai e de que precisaria de outro voo para chegar lá. Quando finalmente fui visitar a Índia e a empresa, fiquei estupefato ao ver como as coisas funcionavam. Desejei ter dedicado tempo para ler a respeito do país, até mesmo os itens mais básicos. Em primeiro lugar, o escritório abria somente às 10 da manhã e todos pareciam falar em seus celulares o tempo inteiro. Estes não eram desligados durante as reuniões, fato que considerei inicialmente muito grosseiro, mas todos faziam aquilo. Apesar de a equipe parecer muito cordial e acolhedora, tudo, até mesmo ter um *boy* para tirar cópias, parecia muito estranho.
>
> Compreendi que deveria ter feito aquela visita meses antes. Aquilo era mais do que simplesmente delegar-lhes trabalho; o assunto exigia colaboração e comunicação. Contudo, somente meses depois me dei conta de que eles também tinham uma visão sobre os EUA, em especial com respeito à política deles em relação ao Paquistão. Eles não gostavam do país como eu pensava que gostassem. Eu deveria ter compreendido isso quase um ano antes, mas o assunto nem mesmo passou pela minha cabeça.
>
> **(Depoimento do chefe executivo de um escritório de advocacia sediado em Chicago)**

As melhores equipes de muitas empresas ainda são com frequência dominadas por cidadãos do sexo masculino do país de origem ou da sede central da empresa, apesar de a maior parte da fabricação ou da venda e comercialização de seus produtos ocorrer em outros países ou continentes. Os exemplos asiáticos incluem Reliance, Toyota, Wipro e Infosys; os ocidentais podem ser Coca-Cola, HSBC, Amex, Unilever, Shell e assim por diante. Muitas dessas e outras empresas ainda lutam para garantir a diversidade na cúpula. Ainda hoje existe um grau surpreendente de inércia.

Antes de mais nada, a luta enfrentada pelos líderes globais resulta de questões práticas de comunicação, problemas com idiomas e diferenças de fuso horário. Por mais estranho que possa parecer, apesar de a maioria das pessoas falar inglês, há muitas frases que ficam "perdidas na tradução", deixando as pessoas confusas e, muitas vezes, perturbadas. As diferenças de fuso são, em geral, ignoradas. Assim, conferências internacionais são organizadas de acordo com as conveniências dos líderes corporativos que não se dão ao trabalho de considerar que pode ser meia-noite para outros membros da equipe.

As diferenças culturais representam um desafio igualmente difícil. Uma grande porcentagem de líderes está relativamente desinformada a respeito das partes do mundo onde faz negócios – a respeito de costumes, etiqueta e questões sociopolíticas. Alguns estão bastante isolados. Numa situação como essa, é comum que os líderes assumam que as outras pessoas pensam como eles (ou que deveriam fazê-lo) e que fiquem irritados quando constatam que isso muitas vezes não acontece.

Qualquer um que tenha supervisionado um contrato internacional de terceirização pode contar que o custo da transação rapidamente passa a ser um assunto menor, comparado aos desafios de compreensão gerencial e cultural.

Vencer a resistência à globalização

A globalização é, com frequência, politicamente controversa. Projetos de terceirização costumam ser denunciados como exercícios cínicos para reduzir os custos de transação (e, é claro, com razão em muitos casos). Empregar "estrangeiros" em vez de cidadãos locais é um assunto debatido regularmente na imprensa e nos parlamentos. Esses ruídos têm aumentado desde a crise econômica global iniciada em 2008, e as simpatias protecionistas vêm crescendo.

As pessoas, não importando o quanto são bem educadas ou o quanto viajaram, ainda parecem se sentir mais à vontade entre suas conterrâneas e desconfiar de estrangeiros. Ainda persiste a visão de que os "habitantes locais" não são suficientemente educados ou ambiciosos, são preguiçosos e, portanto, não merecem ser promovidos.

Quase todos os líderes empresariais com quem falamos reconhecem que este desafio de superar o silo nacional precisa ser enfrentado. Quase todos lutam contra ele, a despeito do seu impacto negativo sobre os negócios.

Isto só pode ser superado "pensando-se globalmente", ou seja, reservando tempo para seu desenvolvimento, buscando oportunidades de trabalho internacionais e identificando benefícios tangíveis para indivíduos, equipes e empresas. É inútil enterrar a cabeça na areia, na esperança de que o problema desapareça. O ponto de partida é "ser global" e admitir que, a menos que o desafio de se pensar e operar de forma global seja reconhecido e enfrentado, o problema irá crescer como uma bola de neve.

    O trabalho internacional pode ser compensador, mesmo sendo difícil. Muitos trabalhadores globais têm tido experiências muito positivas. Tornar-se global pode até constituir uma libertação. Você irá constatar que, de fato, pode haver mais oportunidades e menos barreiras quando se trabalha internacionalmente do que em seu país de nascimento, onde seus antecedentes religiosos ou de classe social podem fazê-lo sofrer discriminação. Muitas vezes o seu nome ou a escola que frequentou já se tornam uma barreira automática no país em que você nasceu, mas em outro país isso pode ser ignorado.

EXERCÍCIO: PRATIQUE SEU PENSAMENTO GLOBAL

Pense um pouco a respeito dos produtos e serviços que sua empresa possui à venda. A seguir, pense a respeito dos seus clientes. Todos eles são locais? Alguns são de outra parte do país, ou mesmo de outro país? Também pergunte a si mesmo o quanto sabe a respeito das cidades, estados ou países em que eles vivem. Responda às perguntas abaixo:

- Se eles vivem em outra cidade, qual é o tamanho dela e qual é sua composição étnica e religiosa?
- Se vivem em outro país, quantos habitantes ele tem? Que tipo de comida eles comem? Como é o clima em comparação àquele do país em que você vive?
- Que idiomas eles falam? Você é fluente em algum deles?
- Com que frequência você contata pessoas dessa cidade ou desse país? Os contatos são sociais ou de negócios?
- Você já visitou esse lugar? A negócios ou a passeio?

Escreva tudo que sabe a respeito dessa área e compare com as informações que há em *Lonely Planet*, *Time Out* ou Wikipedia. Você até poderá encontrar um programa de viagem adequado para assistir na TV ou na internet.

continua »»»

> Faça isso para cada país ou região de onde seus clientes e fornecedores se originam. Faça o mesmo para seus colegas e membros da sua equipe, seus amigos e sua família. Você ficará surpreso de saber quantos colegas e amigos tem em tantos lugares diferentes. Procure visitá-los – a negócios ou lazer.
>
> Agora, ao ler um jornal ou uma revista, fique atento às notícias a respeito dos locais que relacionou. Mantenha-se alerta para menções aos lugares com os quais está conectado. Procure criar um quadro de como é viver neles, quais são suas histórias recentes e com o que essas pessoas se preocupam.

A empresa não se resume à folha de balanço

Este conhecimento mais profundo das regiões do mundo é uma preocupação de negócios, e não uma questão de curiosidade geográfica. Como vimos, decisões sobre aquisições, terceirização, empreendimentos conjuntos, entre outras, muitas vezes são tomadas com base no critério bidimensional de balanço, participação de mercado e oportunidades de crescimento. A obtenção de valor normalmente requer uma perspectiva tridimensional que inclui um conhecimento profundo a respeito das pessoas que trabalham e vivem em outros lugares.

Portanto, é uma boa ideia acrescentar a análise da gerência local, também sob o aspecto social, às tradicionais análises baseadas em mercados e finanças. Veja o testemunho do Diretor de Operações de uma empresa de cosméticos britânica que ficou surpreso diante das diferenças entre os dois lados de uma estreita faixa de mar:

> *Adquirimos uma empresa na França e não nos demos conta do pouco que sabíamos a respeito da vida naquele país, a despeito do fato de muitos de nós terem estado na França em férias. Tínhamos pouca compreensão do cenário político e fomos surpreendidos pelos sindicatos franceses. Antes de saber o que havia acontecido, tínhamos uma ameaça de greve. Desconhecíamos a força dos sindicatos. Para completar, não sabíamos que as mulheres francesas usavam cosméticos de forma muito diferente das mulheres britânicas. Sombras diferentes, combinações diferentes e mais ênfase nos "olhos".*

A armadilha, neste caso, está em assumir que um lugar próximo – e sua cultura – é muito semelhante ao nosso. Se você está sediado na Califórnia e pretende se estabelecer na China, as diferenças culturais têm destaque na sua consciência. O que é menos óbvio, como constatou nosso diretor inglês, é que uma empresa britânica na França, ou uma empresa italiana na Áustria, ou uma empresa tailandesa no Camboja possam ter de enfrentar curvas de aprendizado muito íngremes. Mesmo *dentro* do mesmo país pode haver diferenças culturais. Muitas pessoas de estados do nordeste dos EUA podem se sentir mais à vontade na Itália ou na França – em especial se tiverem antepassados nesses países e os visitam regularmente – do que em regiões rurais de estados do sul, como Geórgia ou Carolina do Sul. A economia por si só não é suficiente.

Pense no futuro, estude História

É útil conhecer pelo menos um pouco da história da região que você está visitando, na qual trabalha ou com a qual tem negócios. Isto lhe mostra que aquilo que aconteceu no passado nunca era inevitável. Entender isto – e como grandes mudanças em mercados, no equilíbrio de poder político, nos gostos populares e nas forças dos impérios podem acontecer de forma rápida e imprevisível – o ajuda a se preparar para o futuro. Este é um delicioso "paradoxo": entender o passado como caminho para que você se torne mais adaptável, pensando de forma global no futuro.

> Não esqueça a História.
> O passado mantido na mente é um guia para o futuro.
>
> **- Inscrição no Memorial do Massacre de Nanquim,
> Nanquim, China, em inglês, chinês e japonês**

A microtendência que de repente se torna grande; o Google de uma década atrás; o *software* indiano de 20 anos atrás; um pouco noticiado comunicado de Mikhail Gorbachev em meados de 1989 dizendo que não iria enviar tanques para deter as pessoas que estavam deixando a Europa Oriental. Todos estes são lembretes de que vale a pena monitorar as tendências nos cenários político e comercial. O equilíbrio de poder entre países ou empresas pode mudar com velocidade considerável.

Além disso, a História continua a erguer sua cabeça feia no mundo contemporâneo, mesmo quando parece estar morta e enterrada. E, quando o faz, muitas vezes há narrativas diferentes emergindo em diferentes países e regiões – ou mesmo dentro do mesmo país. Também costuma haver grupos de pessoas pragmáticas que questionam os movimentos mais desagregadores e sectários.

A Bélgica apresenta uma ilustração útil disto, com lições para países multiculturais e empresas que tenham se fundido em qualquer parte do mundo. Lá, existem duas regiões, dois idiomas e três narrativas dominantes. O futuro da nação depende de qual delas irá predominar. Desde as eleições de 2010, houve um aumento do apoio para que a região de Flandres, mais rica e de fala holandesa se torne independente; a narrativa é que esta região não tem de subsidiar a Valônia, de fala francesa, ao sul. Porém, muitos habitantes da região francófona argumentam que, para manter a nação unida, o norte deve mostrar "solidariedade", e é natural que uma região mais rica apoie outra mais pobre em tempos difíceis, como parte do contrato não oficial que mantém uma nação unida. No meio há habitantes bilíngues que apoiam um diálogo mais profundo para resolver esses problemas e ajudar a garantir a existência de solidariedade, mas também impedir abusos e dependência.

Um artigo no *Le Monde* (27 de julho de 2010) perfilou quatro jovens amigas de ambas as regiões belgas, vivendo juntas e aprendendo os idiomas umas das outras. Na entrevista, as quatro acusaram políticos do sexo masculino por estimularem a inveja regional e o separatismo. Uma delas, Noemie, comentou:

Pessoas que falam holandês ou francês... podemos nos comunicar perfeitamente bem, desde que cada lado faça um esforço. Basta que as pessoas se misturem. As pessoas mais velhas não o fazem, mas a geração mais jovem é mais aberta.

Essas pessoas não estavam preparadas para permitir que as narrativas separatistas dos políticos mais velhos guiassem suas vidas e suas opções de carreira. Qual narrativa irá vencer? Independência para o norte, prosperidade para o sul, ou uma reconciliação bilíngue?

> Minha primeira restrição a trabalhar na Polônia é que isso deveria ser desconfortável, uma vez que descendo de judeus. O Holocausto ainda estava presente em minha vida, pois o pai de minha esposa tinha morrido em um campo de concentração polonês. Esse desconforto provavelmente era evidente, pois meu gerente regional contou-me durante o jantar que seu pai havia sido morto pela Gestapo por pertencer à resistência. Eu não sabia que não judeus tinham sido ativos na resistência em Cracóvia e corei de vergonha.
>
> **(Gerente de operações sul-africano de uma cervejaria internacional)**

A pessoa não é o país

Uma situação similar pode ser vista no caso de Daniel Barenboim, o conhecido maestro. Barenboim, que possui cidadania argentina, israelense e espanhola, foi cofundador, em 1999, da West-Eastern Divan, uma orquestra que reúne músicos de todo o Oriente Médio – israelenses, palestinos, egípcios, iranianos, jordanianos, libaneses e sírios – em um esforço para gerar compreensão intercultural nessa região carregada de tensões. Esta é uma clara demonstração de que indivíduos podem resistir de forma consciente às narrativas políticas e questioná-las – *a pessoa não é o país*.

As novas manchetes inevitavelmente enfatizam os grandes conflitos. Sob eles, com frequência há milhares de pessoas pragmáticas formando suas visões e seus relacionamentos em direções muito diferentes daquelas que os líderes empresariais e políticos têm do "seu" país.

Uma notícia é publicada com base no seu impacto; não existe a exigência de uma visão equilibrada. Assim, histórias recorrentes, em especial as negativas, criam uma impressão do país que pode ser muito enganosa. Por essa razão, países como Colômbia, Congo, Irã e Afeganistão têm, no mundo ocidental, uma imagem não muito favorável.

Portanto, um dos problemas recorrentes que temos de enfrentar em trabalhos internacionais é a atitude inconscientemente arrogante que gerentes de países ricos podem ter em relação a pessoas de países em desenvolvimento – com base em suposições de que as pessoas nesses países sejam atrasadas, subdesenvolvidas, menos educadas ou menos organizadas. Muitas vezes, os níveis de educação e compreensão e as formas de organização em países mais pobres são iguais ou superiores, só que parecem muito diferentes.

Contudo, os cidadãos desses países, em sua maioria, querem simplesmente ter um bom emprego, construir um bom negócio e que suas famílias tenham uma boa vida. De fato, uma grande pesquisa junto a pessoas do mundo inteiro, realizada pelo Instituto Gallup em 2007, constatou que, em toda a espantosa gama de culturas diversas em todo o mundo, existe nos corações e mentes das pessoas um desejo comum: "Quero um bom emprego". Os pesquisadores descobriram esse desejo dominante e recorrente "em Cartum, Teerã, Berlim, Lima, Los Angeles, Bagdá, Calcutá ou Istambul".

Assim, apesar de sermos todos diferentes, no fundo somos iguais.

Pensar globalmente – uma disciplina permanente

É claro que é impossível que uma pessoa esteja na pele de todas as culturas e visões do mundo. Pensar globalmente não é uma visão utópica de se tentar absorver todas as culturas. É melhor pensar nisso como um processo: uma forma de se orientar para considerar todas as partes do mundo mercados e lugares em potencial para se trabalhar, viver ou fazer negócios. Também significa compreender que as várias visões do mundo existentes podem ser muito diferentes e que não são necessariamente melhores ou piores que a sua – apenas diferentes. Um aspecto importante é reconhecer seus próprios preconceitos. Pare, reflita e adote uma visão mais imparcial.

Esta primeira estratégia – de pensar de forma global – só pode de fato ser conseguida se respeitando a segunda estratégia: adquirir compreensão de diferentes lugares e culturas, como iremos mostrar no próximo capítulo. Aprender a respeito de uma cultura diferente é, por si só, um desafio educacional infindável.

PENSAR GLOBALMENTE DE UMA MANEIRA SEM FRONTEIRAS

Aprenda a olhar o mundo a partir do hemisfério oposto. Pense não só a respeito das suas visões sobre diferentes culturas, alimentos e religiões, mas também – e isto é importante – sobre as visões dos outros sobre você.

continua >>>

Colha notícias a respeito do mundo em fontes internacionais. Leia *The Economist*, *McKinsey Quarterly*, *Newsweek* e *National Geographic*, bem como jornais diários de várias regiões, como *The Bangkok Times*, *The Financial Times*, *The New York Times*, *The Times of India* etc.

Tome conhecimento e entenda notícias sobre sua empresa a partir de diversas fontes dentro da organização.

Desenvolva um senso de perspectiva da escala de diferentes regiões. Por exemplo, seu novo *call center* está geograficamente próximo da capital ou a mil quilômetros? Marque as distâncias até outras cidades importantes e até a sede da sua empresa.

Lembre-se de que há diferenças culturais agudas entre países vizinhos e até mesmo entre estados diferentes do mesmo país. Reserve tempo para catalogá-las, reconhecê-las e aceitá-las.

Pensar globalmente é um processo contínuo. Planeje como você irá se manter atualizado em relação às áreas com as quais tem maior probabilidade de manter contato – por exemplo, usando o Google Alerts ou RSS feeds.

2

APRENDA A TRABALHAR EM UM CONTEXTO MULTICULTURAL

Em recente viagem de negócios à Turquia, William F., diretor financeiro de uma empresa global, conseguiu tirar uma noite livre e fez um passeio de barco pelo Bósforo. Havia a bordo um grupo de turistas chineses e ele estava ansioso por conversar com eles, uma vez que a China era vista como um novo e importante mercado para sua empresa. Isso se mostrou quase impossível, uma vez que nenhum dos chineses falava inglês, com exceção da sua charmosa guia. Depois de uma conversa séria com a guia, ela subitamente perguntou se poderia cantar uma canção chinesa para ele. Houve uma anuência polida e uma canção melódica foi cantada. Como William estava nervoso com a possibilidade de ela vislumbrar um romance, desembarcou rapidamente quando o barco atracou e em pouco tempo havia esquecido o incidente. Seis meses mais tarde, depois de concluídas as negociações com seus parceiros em Xangai, William, a caminho do aeroporto, ficou surpreso ao ouvir a mesma pergunta: "você gostaria de ouvir uma canção chinesa?". Somente meses depois ele veio a saber que aquela oferta era um sinal de respeito e cortesia.

Questões de cultura

Os diferentes rituais e comportamentos de países e culturas diferentes com frequência causam confusão e às vezes são mal interpretados. Quando comparamos pessoas ao redor do mundo, somos ao mesmo tempo muito similares, mas muito diferentes. Todos nós sentimos felicidade, raiva, ciúmes e tristeza. Contudo, nós nos expressamos e nos comportamos de maneiras muito diferentes. Um olhar rápido pelos continentes mostra como americanos, chineses, lituanos, neozelandeses e indianos estão muito distantes sob todos os aspectos: história, cultura, religião, idioma, geografia e hábitos alimentares. Quantos de vocês já viram um casamento na Índia, um funeral em Soweto, pessoalmente ou através de algum veículo? E quando nos aprofundamos em alguns países, constatamos, por exemplo, que as pessoas na África do Sul ou na Bélgica são como antípodas contidos dentro das fronteiras de um único país.

Quando viajamos para cidades menores, como Jharkhand, na Índia, que veem poucos visitantes estrangeiros, os habitantes locais, em especial as crianças, gostam de conversar conosco. "Qual é seu nome? De onde você é? Você gosta da nossa comida?" ou "Podemos tirar uma foto com você?" são começos de conversa típicos. Os habitantes locais geralmente estão ansiosos para fazer perguntas como: "Todos são muito ricos em Londres?" ou "A América irá bombardear o Irã?". E, não importando quais são seus pontos de vista, todos falam a respeito de elos comerciais internacionais. "Nossos mercados estão repletos de brinquedos chineses, operamos todos os *call centers* para os bancos do Reino Unido" é uma frase ouvida com frequência na Índia.

Comentários como estes revelam a complexidade do cenário global moderno e histórico. Outro exemplo: considere que, enquanto por um lado muitos judeus têm pesadelos a respeito do Holocausto, Israel e Alemanha realizam entre si altos níveis de comércio. Da mesma forma, o Japão nunca irá esquecer as bombas atômicas sobre Hiroshima e Nagasaki, nem os americanos o ataque a Pearl Harbor, mas pense a respeito do número de carros japoneses que rodam nas estradas dos EUA e de empresas americanas, como Walmart, McDonald's e KFC, que atuam no Japão. Isso pode explicar as emoções e ideias conflitantes que podem existir na cabeça de um gerente.

Pequenos sinais, grandes mensagens

Nos EUA ou no Reino Unido, se um motorista pisca as luzes do carro para você, isso significa "por favor, vá para o outro lado da rua". Na Índia, significa "cuidado, não vou desacelerar; assim, saia da frente... depressa!".

Esta observação, feita por um participante de um seminário realizado por uma empresa indiana no início de 2010, é por si só um conselho útil sobre o trânsito, mas também uma ilustração de como o comportamento humano tem interpretações locais radicalmente diferentes. (A propósito, convém lembrar que os motoristas britânicos, quando piscam seus faróis como um convite amigável, estão agindo *contra* o Código Rodoviário do seu país, que insiste que esse uso das luzes deveria ser um alerta. Assim, um visitante indiano bem preparado, que se deu ao trabalho de aprender as leis locais, ficaria duplamente surpreso. Este hábito britânico cresceu informalmente, como a maior parte dos costumes e hábitos.)

Superar lacunas culturais

No Capítulo 1 você pegou o globo e viu o mundo sob um novo ângulo geográfico. Agora, vamos adicionar outra dimensão: um novo e privilegiado ponto de observação *cultural*. Além de ler ou assistir a meios de diferentes regiões, por que não ler seções desconhecidas do jornal? Se você normalmente se limita às seções de política e negócios, leia a seção de teatro. Se é um apreciador de esportes, leia poesia; se é aficionado por belas-artes, leia a seção de esportes. Ouça o representante de um partido político ao qual você normalmente se opõe e julgue-o com imparcialidade. Se não se interessa por música country, afro-caribenha, ópera, ouça-as; procure sentir o que atrai as pessoas a essa música.

A melhor maneira de aprender a respeito de uma região ou país pode ser lendo um romance em vez de não ficção; tente *A Peste*, de Albert Camus, para a França, ou *The Long Song*, de Andrea Levy, para a Jamaica, ou *A Casa dos Espíritos*, de Isabel Allende, para o Chile. Também os rituais em torno de alimentos e refeições podem ser indicadores úteis para outras culturas – que devem ser aprendidos, para evitar gafes.

Essas "excursões" fora das suas áreas usuais de interesse lhe darão uma educação continuada nas múltiplas visões do mundo e em narrativas da diversificada população humana, preparando-o para o desafio de trabalhar em equipes multinacionais.

Como outras habilidades humanas, a empatia transcultural melhora com exercícios. Não é fácil enfrentar discriminação e preconceito. Chuck Maxwell, consultor gerencial sediado em Atlanta, Geórgia, acrescenta:

> *Sou rotulado como "afro-americano", fato que implica muita bagagem indesejada e desnecessária. Também cresci no sul dos Estados Unidos, o qual é conhecido pelos preconceitos em relação aos negros. Porém, compreendo as reações das pessoas sem educação e sigo em frente para concluir as tarefas usando minhas aptidões. Também recorro ao charme, falo com as pessoas para não ser "diferente" delas. Depois que elas conhecem minha diversidade e minha consciência social/global, o local de trabalho torna-se agradável.*

As diferenças culturais podem ser superadas através de preocupações comuns. Pesquisando no livro *How to Manage in a Flat World*, fica claro que a diversidade vem em muitas dimensões. Por exemplo, a ligação pode ser mais fácil entre engenheiros de *software* dos cinco continentes do que entre grupos profissionais diferentes da mesma nacionalidade. Isto destaca a importância de se ter interesses ou especialidades comuns. Observe um grupo de mulheres – de qualquer parte do mundo – conversando. Elas sempre parecem se relacionar facilmente a respeito de oportunidades de carreira e das complexidades de equilibrar as prioridades do trabalho e as domésticas.

Pode ser difícil de engolir

Na edição da revista *The Economist* de 6 de abril de 2010, saiu a seguinte matéria:

> *Natto, um alimento que atingiu a infâmia entre os estrangeiros residentes no Japão. Com toques de discrição britânica, a BBC descreveu-o recentemente como "um alimento à base de soja fermentada que muitas pessoas consideram um gosto adquirido". Isto é muita bondade. Seu cheiro lembra um velho resto de comida mofada. E, na verdade, é mais ou menos isso que o produto é. Seja como for, natto é o alimento com o qual, cedo ou tarde, todo visitante estrangeiro terá de lidar. O desafio do natto normalmente ocorre quando o saquê está fluindo. A socialização entre colegas e com os clientes é parte integral dos negócios no Japão: os assalariados dizem que, naquele país, os negócios são feitos por "nomunicação", uma composição (do tipo apreciado pelos japoneses) de "nomu" (beber) com "comunicação". E, no Japão, é regra que as bebidas alcoólicas sejam acompanhadas por algum tipo de comida. Em circunstâncias como essas, seu interlocutor pode se transformar em um alegre atormentador – inclinando-se sobre a mesa para incitá-lo com um bocado suspeito: "Experimente. Você sabe que estrangeiros não conseguem comer isto". Todos os olhos se voltam para você, sentado desajeitadamente no chão. Sua margem de manobra é limitada: não é educado recusar comida no Japão.*

Não é incomum que viajantes procurem alimentos conhecidos, qualquer que seja o país em que se encontrem, e se atenham a hotéis 5 estrelas, que satisfazem qualquer necessidade. Se isso serve para você, tudo bem. Tome cuidado se estiver almoçando na cantina da empresa, ou se for convidado para jantar na casa de alguém. Assim como o natto, um alimento pode acabar com um relacionamento.

Mesmos alvos, ênfases diferentes

Também existem diferenças em relações interpessoais. Na América Latina, é comum que as pessoas expressem emoções afetuosas e transmitam entusiasmo, mesmo no início de um relacionamento de negócios, enquanto no norte da Europa isto é desaprovado e até mesmo considerado sintoma de imaturidade. A América do Norte provavelmente situa-se entre esses dois extremos.

Um exemplo de iniciativa corporativa central que não repercutiu bem em lugares diferentes ocorreu há alguns anos em uma cadeia internacional de hotéis. Uma instrução muito "americana" sobre "como sorrir para os hóspedes" foi enviada de Boston para todos os escritórios globais da organização, mas nem sempre foi interpretada ou executada da maneira prevista. Na Turquia, por exemplo, onde não é preciso "treinar" o pessoal para sorrir para os hóspedes, os funcionários acharam a instrução muito estúpida. Na Grã-Bretanha, o senso de falsa alegria fez que algumas pessoas se sentissem embaraçadas e deslocadas.

Se você pensa que pode acertar simplesmente agindo da maneira que faz em seu país-natal, leia esta vinheta:

> *Vivi na China em meados dos anos 1980, quando trabalhava como jornalista. Durante aquele período, toda vez que acontecia alguma coisa que traria consequências, havia um período de gestação de três dias até que todas as partes se juntassem e eu entendesse o que de fato havia acontecido. Na época, eu atribuía aquela espera a diferenças culturais. Em retrospecto, ela também envolvia o grande abismo entre uma pessoa criada em uma sociedade livre e aquelas acostumadas com um regime totalitário.*
>
> *Numa tarde de verão de 1985, surgiram em meu bairro cartazes anunciando uma "competição amistosa de natação". Eu tinha poucas oportunidades para me misturar com meus vizinhos chineses; trocávamos sorrisos e saudações, mas raramente íamos além disso. Assim, eu aceitava qualquer oportunidade que aparecesse.*
>
> *Ao contrário da maioria dos jornalistas ocidentais na China naquela época, eu vivia em um bairro chinês, em um apartamento chinês típico. É verdade que as sete outras famílias britânicas e americanas viviam isoladas em uma parte do edifício que tinha entrada privativa. Mas à nossa*

volta todos eram chineses, o que nos fazia sentir como se vivêssemos de fato na China.

Quando chegou o dia da competição, um domingo quente de julho, fui até a piscina local com todos os meus vizinhos. Lembro daquela tarde como uma das mais agradáveis, com muitas risadas e brincadeiras.

Nunca fui um atleta, mas pertenci à equipe de natação no colégio e achei que havia uma chance de não me envergonhar. Eu estava inscrito para três eventos e, para minha surpresa, venci todos. Os prêmios até já haviam sido distribuídos e eu os tinha passado para meus amigos chineses. Lembro que um era um frasco de perfume.

Mas no decorrer das duas semanas seguintes, percebi algo que deveria ter registrado imediatamente. Um dia, no horário de almoço, eu estava caminhando com um colega no outro lado da cidade, quando alguns estranhos apontaram para mim usando uma palavra desconhecida: "yo yung". Perguntei o que eles estavam dizendo e ele disse: "Nadador – eles o estão chamando de 'o nadador'". Àquela altura, eu já havia esquecido o evento, mas ri e expliquei meu grande triunfo de duas semanas antes.

Foi mais ou menos na mesma ocasião que um colega chinês me contou que eu havia sido escolhido para outra competição de natação. Daquela vez, o convite era só para mim. Senti-me lisonjeado e aceitei.

Fui a uma piscina diferente, com uma amiga americana e um colega chinês. Não conhecíamos ninguém e estava muito quente. Quanto mais esperava para minha competição ser chamada, mais desconforto eu sentia com o calor. Finalmente, disseram para eu subir no bloco de partida.

Quando soou a pistola de partida, mergulhei e percebi rapidamente que daquela vez não iria vencer. Fiz o possível para acompanhar os outros concorrentes, mas cheguei em último lugar. Pior ainda, estava tão exausto que mal consegui sair da piscina. Minha amiga americana disse que nunca vira nadadores tão rápidos na vida.

Não precisei do período de incubação de três dias para entender tudo. Eu havia cometido uma ofensa duas semanas antes, vencendo três provas, e por isso tinha de ser posto em meu lugar. A segunda prova foi uma armação. Como punição, ela foi relativamente benigna. Ri daquilo porque a operação me pareceu juvenil. Eu não conseguia imaginar alguém nos EUA se esforçando tanto para dar uma lição de humildade a um estrangeiro. Mas desprezar aquilo foi um erro: vencer uma prova era qualquer coisa, menos inconsequente para meus hospedeiros.

Se aquele insulto chamou a atenção de algum funcionário local do partido, pode-se assumir com segurança que tudo, de e-mails a surfar na web, hoje nada passa despercebido. Contudo, a lição neste caso vai além da internet e da China. Qualquer americano com negócios no exterior deve ter uma coisa em mente: os americanos tendem a caminhar com confiança — não arrogância — por ruas estrangeiras. Esta é uma peculiaridade do nosso caráter nacional derivada, acredito, da nossa história incomum de sucesso e do nosso poder. Alguns países são consideravelmente mais sensíveis e nem sempre veem essa confiança, história ou poder sob uma luz positiva, mesmo quando forem seus beneficiários.

Quando finalmente deixei a piscina naquela tarde, um chinês que assistiu à prova fez uma observação: "Você foi muito bem", disse ele com um sorriso, "mas eles eram melhores".

(Warren Kozak, "Nothing in China is ever as it seems, at least for an outsider", *Wall Street Journal*, 31 de março de 2001)

Para mais informações, leia *Short History of Chinese Philosophy*, de Hou Wai-Lu, publicado pela Foreign Language Press, em 1959. Nele, o autor oferece uma fascinante leitura para homens de negócios não chineses com operações na China.

Temos nossas próprias visões do mundo

Cada cultura, seja ela racial, nacional, familiar, profissional ou religiosa, cria seu próprio conjunto de valores e crenças. Eles entram em nosso DNA através do leite materno e são inculcados por professores, líderes religiosos, pais e avós. Todos eles contribuem para a maneira como vemos o mundo e nos comportamos. Pense a respeito de três mensagens importantes que você ouviu quando estava crescendo. Todo orientador profissional ouve uma ampla variedade, inclusive "Ser o Número Dois não é o suficiente", ou "Sempre respeite os mais velhos e faça o que eles lhe dizem para fazer", ou "Não discuta, apenas faça", ou "Faça a coisa você mesmo, ou ela nunca será feita".

Assim, a conjunção de múltiplas visões do mundo dentro de uma equipe multicultural pode às vezes ser caótica. Cada membro interpreta questões,

> A primeira reunião da nossa equipe com o novo chefe foi estranha. Sabíamos que nossos colegas tailandeses não concordavam com a maneira como queríamos comercializar nossas frutas e verduras; porém, eles se mantinham em silêncio e não ofereciam nenhuma sugestão. Somente alguns meses depois, quando eu e outro membro europeu da equipe soubemos o quanto era importante respeitar o chefe – em especial se ele era mais velho –, comecei a entender como aquele país era diferente da França.
>
> **(Diretor financeiro francês trabalhando em uma operação de varejo em Bancoc)**

problemas, missões e visões de uma forma diferente e tem ideias explícitas a respeito do que é educado, desejável, aceitável ou totalmente ofensivo. Até mesmo um assunto aparentemente simples, como o tempo, do qual temos total conhecimento em nossos próprios ambientes, torna-se muito complexo quando é interpretado por culturas diferentes.

No Reino Unido, chegar atrasado para uma reunião – mesmo por quatro ou cinco minutos – é interpretado como um ato extremamente rude. Os teatros fecham as portas no início de um espetáculo; assim, as outras pessoas na plateia não serão incomodadas. Em muitos outros países, como Paquistão, Argentina e Chipre, estar meia hora atrasado para um compromisso é bastante aceitável. Os sul-americanos usam a expressão "pontualidade britânica" quando querem que alguém chegue pontualmente. Porém, eles tendem a ser – mesmo as pessoas mais velhas – mais generosos com seu tempo do que é comum em sociedades anglo-saxônicas, nas quais as reuniões tendem a terminar e também começar no horário, mesmo que esteja em andamento uma discussão importante. Assim, pode haver um lado positivo no fato de as pessoas não olharem para seus relógios a cada poucos minutos.

Se você conhece História, sabe por que o respeito aos horários é importante para os britânicos, quase ao ponto de se tornar uma obsessão. Seu domínio dos mares nos séculos XVIII e XIX devia-se muito à invenção de um relógio confiável no mar, o cronômetro, que permitia que os navegantes determinassem a longitude (SOBEL, 1995). Eles organizaram o sistema de tempo do mundo, colocando Greenwich, um subúrbio de Londres, no centro do sistema. Seu Parlamento é dominado por uma enorme torre com um relógio, famosa pelo seu enorme sino, conhecido como Big Ben. E, tradicionalmente, os empregadores britânicos dão um relógio de presente aos funcionários que se aposentam, embora esse costume esteja acabando.

Esta questão de respeitar horários, aparentemente sem importância, é um exemplo que dá fundamento a muitos estereótipos a respeito de como se comportam as diferentes nacionalidades. Também é um caso clássico de uma diferença que você pode superar se for adaptável e conseguir ver que há prós e contras em reuniões que começam e terminam pontualmente.

> *Há uma população indiana relativamente grande no estado de Michigan. Quando éramos convidados para jantar em uma de suas residências, chegávamos normalmente meia a uma hora atrasados e nem sonhávamos em chegar no horário. Com nossos colegas americanos sempre procuramos ser pontuais para não ofender nossos anfitriões.*
>
> (Professor da Michigan University,
> que imigrou da Índia no final dos anos 1990)

Claro, se você não tiver um conhecimento sobre essas questões, o trabalho com pessoas de culturas diferentes será um campo minado.

Com que histórias você cresceu?

Um pouco de estudo de História sempre é útil quando você visita outro país ou trabalha nele. Um velho ditado diz que "o terrorista para uma pessoa é o que luta pela liberdade para outra". Parece exagerado e cínico, mas é a pura verdade. Por exemplo, nas Américas Central e Sul, Francis Drake é conhecido como um tirano sanguinário do século XVI, um pirata que espalhou terror pelo continente e roubou ouro e prata. As mães assustavam seus filhos dizendo: "Se você não comer as verduras, Francis Drake virá pegá-lo". Porém, em seu país-natal, ele é reverenciado como herói de guerra e grande explorador. Há até estátuas dele.

Em 2006, o então primeiro-ministro japonês, Junichiro Koizumi, provocou a ira da China e de outros países asiáticos que haviam sido ocupados pelos japoneses nos anos 1940 quando visitou o Memorial Yasukuni. O memorial homenageia os 2,5 milhões de japoneses mortos da Segunda Guerra Mundial, mas os nomes que nele estão incluem os das 14 pessoas condenadas por crimes de guerra por um tribunal em 1948. Na ocasião, o ministro do exterior chinês fez um protesto: "Este fato... fere seriamente os sentimentos das pessoas vitimadas pelo militarismo japonês durante a Segunda Guerra Mundial".

É impossível compreender a China moderna e o papel do Partido Comunista sem conhecer a história da ocupação. Outros países que foram ocupados pelas forças do Eixo nos anos 1940, como Coreia, Holanda, França e Noruega, têm alguns pontos comuns em suas psiques nacionais.

Para outros países, que foram ocupados pelas potências europeias nos séculos XIX e XX, a grande luta foi pela independência. Hoje eles são tipicamente bilíngues ou multilíngues, com um idioma europeu oficial para negócios e idiomas locais para o dia a dia. Em poucos deles, como o Paraguai, o idioma nativo – o guarani – tem quase paridade com o espanhol e é falado de forma quase universal. Quais são os efeitos em longo prazo do colonialismo sobre as atitudes desses povos? Pense, por exemplo, como os indianos se sentem quando trabalham em um *call center* para um banco britânico, quando, há apenas poucas décadas, eram dominados pelo país "imperialista"?

Muitos outros países têm sido marcados por guerras civis. Neles, normalmente uma força revolucionária, tentando derrubar instituições ou religiões estabelecidas, combateu uma força reacionária. O lado revolucionário venceu (como na França, nos EUA, na China, na Rússia)? Ou venceu o lado conservador (como na Espanha e no Chile)? Ou o vencedor era, ao mesmo tempo, revolucionário e conservador (como na Irlanda e no Irã)? O estudo desses assuntos é um guia precioso para a compreensão do papel de determinadas instituições no país moderno. Na memória coletiva, incidentes de cem ou mais anos atrás ainda são recentes. Por exemplo, no caso dos EUA, as atitudes em relação à integração racial e ao papel do Estado federal ainda variam entre regiões em um padrão semelhante àquele da Guerra Civil da década de 1860, apesar de o Partido Republicano ter passado de liberal a conservador no período.

Assim, se você está apresentando seu país a alguém, ou está sendo apresentado ao país de outra pessoa, lembre-se de que alguns dos locais turísticos são memoriais históricos e algumas das instituições nacionais são criações históricas, e eles podem ter significados muito diferentes para pessoas diferentes, dependendo da forma que foram criadas.

Reconhecer a alma das pessoas

É essencial compreender diferenças, inclusive as culturais, mas algumas delas podem ser bastante superficiais. Ainda mais importante é compreender pontos comuns entre as pessoas. Quando você conhece gente de uma cultura diferente, no início são as diferenças que se destacam: como vocês se cumprimentam, como elas usam os talheres, que músicas elas escutam, de que forma elas se expressam, seu senso de humor ou seu grau de polidez. À medida que as conhece melhor, você nem mesmo percebe as diferenças e se relaciona puramente com suas personalidades. É claro que às vezes pode emergir uma diferença cultural, mesmo em uma amizade antiga, mas com confiança e comunicação, em geral, ela não passa de um assunto para conversas.

> ### EXERCÍCIOS: UMA NOVA LENTE CULTURAL
> Mas em que precisamos pensar quando trabalhamos em um país diferente, ou quando gerenciamos uma equipe multicultural – talvez até internacional?
> 1. Pense nas ideias que os outros podem ter a seu respeito e o que você representa; na imagem do seu país nas cabeças deles; sua cultura, sua comida e sua religião. Anote tudo como se você fosse um deles. Por exemplo, o que um zulu pode pensar a respeito dos africânderes na África do Sul? Ou um mexicano a respeito dos conquistadores espanhóis? (Em sua maioria, as populações do México, América Central, Peru e Bolívia descendem de americanos nativos, não de europeus.)
> 2. Admita os preconceitos que você tem a respeito de pessoas de outros países. Não se envergonhe de deixá-los aflorar e reconhecer que eles existem. Só então poderá se conectar realmente com pessoas diferentes de você com "respeito incondicional".
> 3. "Quando em Roma, faça como os romanos." Não critique as tradições religiosas dos outros, nem sua culinária ou seus comportamentos. Procure se acostumar com a comida deles. Vá a um serviço religioso desconhecido, para se familiarizar com maneiras diferentes de fazer as coisas.
> 4. Em muitas escolas do mundo, o Dia Internacional da Criança incentiva as crianças a falar em classe a respeito de suas experiências. Você pode fazer o mesmo com seus colegas.
> 5. Assista a filmes estrangeiros. Por exemplo, da Índia, do Paquistão e do Irã vêm vários clássicos como *Rio da Lua, Salaam Bombay, Tartarugas podem voar*; da França e Espanha, experimente *Acossado, Jules e Jim, Caché, Tudo sobre minha mãe, Volver* etc.
>
> continua >>>

6. Assista a programas sobre viagens na TV. Em sua maioria, as estações de TV oferecem muitos do gênero.
7. Leia. Há muitos livros e artigos a respeito de culturas e países. Alguns aparecem na bibliografia, na categoria "cultura". É importante estudar as culturas dos lugares em que seus fornecedores, clientes e equipes estão localizados. Leia sempre a história e os contextos sociopolíticos de todos. A Wikipedia é uma fonte inesgotável de informações focalizadas e relevantes.
8. Aprenda os costumes e as paixões locais e procure participar deles. Por exemplo, se estiver visitando a América Latina, aprenda pelo menos os passos básicos para dançar salsa. Você não se sentirá mais alienado das reuniões sociais e começará a entender a música e o modo de viver. Se estiver visitando a Índia, aprenda as regras de críquete e a biografia de Sachin Tendulkar. Se está se perguntando "quem é Sachin Tendulkar", você nem começou a entender o país. E se você é indiano em visita aos EUA, aprenda as regras do beisebol e vá a uma partida.

3

VIAJE SEMPRE QUE PUDER – POR LAZER OU A TRABALHO

Viaje sempre que puder, a passeio ou a negócios. Agarre toda oportunidade para trabalhar em outro país, mesmo que seja por apenas poucas semanas. Compareça a conferências e visite locais de negócios.

    Se você se der ao trabalho de visitar os países ligados ao seu trabalho, o próprio fato de ter feito o esforço será muito apreciado pelo seu chefe, seus clientes ou parceiros em potencial. Isso mostra um compromisso pessoal com o projeto ou a iniciativa com a qual você está envolvido e ajuda a reforçar a rede de relacionamentos de que você necessita para seu trabalho internacional.

    Ainda mais importante, ver e sentir como as pessoas vivem em outro lugar é essencial para se trabalhar nessa região, comprar dela ou vender para ela. As pessoas vivem com os pais e parentes, como na Índia, ou predominam as residências unifamiliares? As pessoas vivem de maneira muito comunitária, em que conhecem toda a vizinhança, como na Nicarágua? Ou elas são muito mais reservadas e vão com seus carros visitar os amigos, como em Los Angeles? Como é a infraestrutura? Quais são as distâncias envolvidas? As operadoras de telefonia móvel na África tiveram bons resultados observando um grande desejo de comunicação, mas uma infraestrutura de telefonia fixa muito limitada.

Imergir é a melhor solução

A melhor maneira para colher informações e experimentar a vida em outra cultura é a imersão total. Em suas viagens, pegue um ônibus ou trem local e se misture aos nativos em vez de permanecer em seu hotel de "estilo ocidental", desligado da população local. Imergir em outra cultura é a melhor maneira para entendê-la.

    As empresas esclarecidas compreendem a importância de "interagir como os nativos" em outros lugares. Por exemplo, a Samsung, em 1991, estabeleceu seu Global Management Development Institute, oferecendo cursos de gestão internacional de negócios, história, cultura e economia, bem como ensino de idiomas. A ideia é que o aprendizado ocorre em muitos níveis – não só na sala de aulas, mas através de conversas com participantes de diferentes regiões. No programa, estagiários selecionados escolhem um país, passam por três meses de treinamento intensivo no idioma e na cultura e depois vivem um ano naquele país. Eles não têm uma função profissional específica e – um detalhe interessante – são proibidos de entrar em contato com o escritório local da Samsung. São também encorajados a viajar de ônibus ou trem, porque assim eles veem melhor o país e têm mais oportunidades para interagir com os habitantes locais (Gupta & Govindarajan, *Cultivating a Global Mind-set*).

Inicialmente, a experiência de imersão pode ser isolante e contundente. Você passa por experiências frustrantes, até humilhantes, em lojas, bancos e restaurantes, porque não consegue obter aquilo de que necessita e as pessoas pouco se esforçam para ajudá-lo. Esse sofrimento faz parte de qualquer aprendizado. Você passou por isso quando estudou medicina, direito, engenharia ou qualquer que tenha sido sua qualificação. Vale a pena superar essa barreira e passar para o outro lado.

Aja globalmente, pense localmente

Apesar de viajar ser a melhor maneira para se colocar na pele de outra cultura, nem todos podem viajar com frequência, comparecer a conferências internacionais ou realizar um trabalho de três meses em outro país. E menos ainda ser transferidos por vários anos. A maioria das pessoas tem algum laço de família e comunitário que limitam sua mobilidade. Muitas têm boas oportunidades de carreira em seus atuais domicílios; portanto, transferi-las pode não ser possível. Além dos cuidados e da educação dos filhos, um número cada vez maior de pessoas precisa cuidar de pais idosos, à medida que cresce a longevidade em muitos países. Os recentes problemas econômicos também afetaram muitos orçamentos de viagens.

Porém, no mundo da *Web 2.0* há muitas maneiras para se manter uma rede internacional de amigos e contatos de negócios, mesmo que sua capacidade para viajar seja limitada. Por exemplo, alguns sites de redes de negócios, como o Ecademy, tem membros em todo o mundo, com os participantes em busca de conexões com base em interesses comuns e não na localização geográfica.

O aprendizado de outro idioma também pode ser feito localmente. Não só a internet é uma fonte de aprendizado, mas se você estiver se aperfeiçoando em um dos idiomas falados mais amplamente, pode valer a pena verificar *on-line* se existe um falante nativo de mandarim, português ou russo vivendo perto de você. Se sua capacidade de viajar tem limitações, aprender um idioma torna-se ainda mais importante, uma vez que é uma maneira para conhecer pessoas, localmente e através da internet, ampliando sua rede de contatos e também seus conhecimentos. Desta maneira, você pode fazer boas amizades e contatos úteis de negócios, mesmo não se encontrando pessoalmente com eles.

Uma fonte valiosa de interação é uma iniciativa denominada World Café Community (www.theworldcafe.com). Trata-se de uma iniciativa global que opera *on-line*, com membros nas Américas do Norte e do Sul, Europa Ocidental e Central e Ásia, que debatem e discutem muitas questões de trabalho e gestão. Essa comunidade começou no idioma inglês, mas hoje há subgrupos em que os membros interagem em outros idiomas. Quando este livro foi escrito, ela também oferecia grupos em espanhol, alemão, indonésio, português, russo e italiano. O objetivo é a troca de ideias para a comunidade, o trabalho em equipe e o enfrentamento de problemas sociais e ambientais. Não é uma comunidade ligada exclusivamente a assuntos de trabalho, mas uma fonte valiosa de conversas sobre este e muitos outros temas. Parece mais uma comunidade do que uma plataforma de mídia social – embora a preferência pessoal por esses sites seja o fator determinante. As discussões podem permanecer *on-line* ou ser complementadas por encontros pessoais. Por exemplo, a Café Latino planejou uma série de encontros na Colômbia, na Argentina e no Brasil em 2010, com a agenda para discussão publicada em um documento do Google.

> Eu gostaria de viajar mais, mas no atual clima econômico, as viagens foram as primeiras a ser afetadas e as pessoas as estão reduzindo mais e mais. Como muitas outras pessoas, estou usando a internet para fazer contatos de negócios. O único problema é que isto gera a necessidade de mais viagens! A internet é um instrumento vital para se descobrir mais sobre uma área que você não visitou, mas cedo ou tarde você terá de "pôr o pé na estrada"... e viajar novamente.
>
> **(Executiva britânica, trabalhando na indústria de turismo na Tailândia)**

À medida que melhora a tecnologia de videoconferência e de interação virtual "ao estilo de *Avatar*", haverá mais maneiras de se contatar pessoas em outros países sem precisar voar.

Mudar-se para trabalhar

O jogador de futebol galês Ian Rush, que passou um ano jogando na Série A da Itália, foi muito citado por ter dito: "Eu não conseguia me estabelecer na Itália – era como morar em um país estrangeiro".

Mudar de domicílio pode ser difícil e requer coragem. Alguns gostam mais que outros. Aqueles que buscam ansiosamente colegas expatriados e procuram comprar os alimentos que comem em sua terra natal têm mais dificuldades que aqueles que recebem com entusiasmo novas experiências culturais.

Planejar sua saída, mapear sua entrada

Quando iniciar sua mudança, livre-se do estresse planejando com cuidado e prestando atenção aos detalhes. Cuide de tudo para não ter surpresas desagradáveis. A seguir está uma lista das coisas que você "Deve ter e fazer".

Contrato: Antes de ir, certifique-se de que seu novo contrato esteja totalmente claro. Tome cuidado com cláusulas como "você receberá um carro condizente com o nível do seu cargo" ou "o aluguel do seu apartamento será condizente com a faixa do seu cargo". Esteja atento a respeito do modelo e tipo de carro e certifique-se de que sua verba para residência seja conveniente para você e sua família. Verifique se o bairro escolhido é adequado às suas necessidades de deslocamento e de seus filhos. É fácil acabar em uma espelunca. Em lugares com tráfego intenso, verifique quanto tempo é preciso para chegar à escola e ao trabalho e não apenas as distâncias envolvidas. Um percurso de um quilômetro em Mumbai pode levar de quinze minutos a meia hora.

Passaporte: Certifique-se de que todos os passaportes tenham validade de mais de seis meses. Se você planeja ficar fora por mais de seis meses, vale a pena pedir um novo passaporte. Em geral, para trabalhar em outro país é necessário um visto, exceto para cidadãos da União Europeia que trabalham em outro país membro da UE.

Carteira de habilitação: Verifique se sua carteira é válida no país para o qual está se mudando. Pode ser que você precise passar por um exame. Se você estiver se mudando de um estado para outro nos EUA, poderá ter de fazer novamente o exame teórico.

Prontuários médicos: Leve consigo seus prontuários médico e dentário e as radiografias que tiver. Certifique-se de ter tomado as vacinas exigidas pela região para a qual vai.

Serviços bancários: Comunique seu banco a respeito de seus planos para poder utilizar todos os serviços *on-line*. Isso é especialmente importante se você for transferir dinheiro para sua conta atual ou precisar fazer débitos diretos autorizados e pagamentos automáticos.

Imóveis: Se você pretende vender ou alugar sua atual residência, certifique-se de ter um bom corretor ou agente imobiliário que dê o suporte necessário. Também é preciso tempo para se livrar de roupas, equipamentos ou objetos domésticos que você não usa mais. Muitas instituições de caridade e serviços de guarda-móveis não aceitam eletrodomésticos nem colchões; assim, você mesmo terá de se livrar deles. Lembre-se de que no mundo há voltagens e tomadas diferentes; dessa forma, alguns aparelhos poderão não funcionar no país para o qual você está se mudando. Você pode encontrar compradores *on-line* em redes como eBay e Craigslist.

Despedidas: Certifique-se de que se despediu dos colegas, clientes e fornecedores. Quando estiver fora, esforce-se para manter essas redes em ação. Elas continuarão a ser importantes e muito úteis para você.

A frente doméstica: Familiares e amigos vão precisar muito do seu apoio. Muitos ficarão tristes com sua partida e os membros da família que irão acompanhá-lo também podem se sentir um tanto vulneráveis. Mas não se esqueça de "você". Encontre alguém para compartilhar tudo aquilo pelo que está passando, mas trate de se afastar das pessoas que não param de lhe dizer que você está dando um mau passo, agravando assim suas ansiedades.

Quando chegar lá

Há várias providências prioritárias a tomar, as quais podem ser trabalhosas e burocráticas:

A lei: Lembre-se de que as leis e os regulamentos diferem de um país para outro. É importante não infringir a lei – você pode enfrentar uma acusação criminal ou mesmo ser deportado. Por exemplo, nos EUA, ao dirigir, o motorista e também os passageiros do carro são proibidos de ingerir álcool. Na verdade, latas ou garrafas de bebidas, abertas ou fechadas, não podem ser levadas no carro na maior parte dos estados. Há muitos países em que isto é perfeitamente aceitável.

Registro: Em alguns países, você precisa registrar sua chegada junto às autoridades de imigração ou policiais. Na Índia, por exemplo, esta é uma exigência legal.

Serviços bancários: Utilize de preferência um banco internacional para facilitar as transferências de dinheiro. Escolha cartões de crédito e débito. Nos EUA, a formação de um histórico de crédito para se conseguir um cartão de crédito pode demorar até um ano.

Exame de direção: Se você dirige, muitos países exigem que faça um exame dentro de um prazo mínimo. Nos EUA, por exemplo, alguns estados exigem um registro formal e, muitas vezes, também o exame.

GPS: Consiga um sistema de navegação para seu carro; ele elimina o estresse de ler mapas e se perder.

Telefone e internet: Escolha rapidamente seus meios de comunicação, para poder fazer chamadas e enviar *e-mail* aos amigos e à família com facilidade. Existem muitos sistemas baratos para fazer chamadas internacionais e o Skype é ótimo para chamadas gratuitas via internet. Conhecer as diferentes opções de telefonia móvel costuma ser muito complexo; assim, analise-as com atenção para não ter contas altas de telefone. Se ficar em um hotel, cuidado com as cobranças exorbitantes para as chamadas do seu quarto.

Tratamento médico: Descubra quais são os melhores hospitais e médicos enquanto você está com saúde. Não há nada pior do que tentar encontrar um bom médico quando se precisa realmente de um para tratamento de emergência ou medicação. Em alguns lugares remotos, é uma boa ideia manter à mão duas seringas descartáveis, para o caso de não estarem disponíveis. Certifique-se sempre de que elas sejam abertas diante de você para garantir a esterilidade.

Viva como um habitante local: Evite ficar isolado em uma comunidade de expatriados. Existe, às vezes, a tendência de se reclamar dos cidadãos locais, do lugar, da comida. Os habitantes locais certamente conhecem os melhores lugares para comer e fazer compras. Lembre-se de que "você desconhece aquilo que não conhece" e poderá ter surpresas agradáveis.

E no trabalho

Apresentação: Planeje uma boa apresentação para você. Muitas empresas têm programas de apresentação, mas mesmo eles podem ser deficientes a respeito de algumas coisas importantes que você precisa conhecer. Reserve tempo para se conectar à nova cultura de trabalho e compreendê-la. Às vezes, isto é simples: saber a que hora as pessoas vão para o trabalho, o que fazem para almoçar e quando elas saem.

Rede de contatos: Em seus primeiros 90 dias no cargo, concentre-se em formar redes de contatos e relacionamentos com pessoas com as quais você irá trabalhar – colegas, chefes, membros da equipe, fornecedores, clientes e redes externas, como as de funcionários de governos. Faça muitas perguntas e ouça o que essas pessoas têm a dizer. Não ceda à tentação de fazer grandes mudanças, fazer críticas e reclamações em demasia ou cedo demais. Se você balançar o barco muito depressa, poderá ser o primeiro a cair dele.

Cultura do local de trabalho: Estude a cultura do local de trabalho e também o país ou a região. A mesma organização pode ter culturas muito diferente em partes diferentes do mundo. Até mesmo empresas como Johnson & Johnson, Unilever, Coca-Cola e Pepsi, que insistem na mesma garantia de qualidade no mundo inteiro, exibem uma variedade de culturas de trabalho, influenciada por hábitos e comportamentos locais.

Priorizar: Deixe claro quais são suas prioridades, bem como seus planos de curto e longo prazos. Comunique-os às pessoas com as quais irá trabalhar.

> Quando comecei a trabalhar em Xangai, percebi que aquilo não ia ser tão fácil como eu pensava, apesar do fato de ser muito bom em operações de varejo organizadas. Se eu tivesse dedicado tempo para entender melhor como os ideais de Confúcio estão ligados à cultura chinesa na maneira pela qual eles fazem negócios, a vida teria sido muito mais fácil e o desempenho, muito melhor.
>
> A cultura americana é muito mais individualista e, pensando em retrospecto, meu estilo era demasiado agressivo para as pessoas que gostam de harmonia. Nossos negócios teriam tido um começo muito melhor se eu tivesse dado mais atenção à formação de relacionamentos em vez da construção de lojas e do crescimento das vendas.
>
> **(Executivo de uma corporação americana, trabalhando na China como Chefe de Operações)**

Família: Tome cuidados especiais para não negligenciar sua família. As crianças estarão enfrentando problemas de transição com os estudos e os amigos. Seu cônjuge talvez esteja lidando com muitas das coisas que precisam ser feitas, sentindo-se muitas vezes vulnerável e ansioso.

Permaneça otimista: Não se preocupe se, no início, houver ocasiões em que você esteja cheio de dúvidas, confuso e ansioso. São sentimentos perfeitamente normais, todos ligados à transição. Aceite os fatos quando estiver pensando "Será que esta é realmente uma boa ideia?" ou "Se eu tivesse permanecido onde estava...". Deixe que esses sentimentos ansiosos fluam para dentro e para fora; depois de algum tempo eles se reduzirão, à medida que você for se estabelecendo.

Permaneça em contato: Não se esqueça de se manter em contato com sua velha turma. Suas redes de contatos irão se ampliar e é importante não esquecer os ex-colegas. O e-mail facilita o contato, e redes sociais como Twitter, LinkedIn ou Facebook facilitam-no ainda mais.

Planeje seu retorno

Muitas posições internacionais têm duração limitada e é comum você voltar ao seu país de origem. Isso pode ser tão difícil, embora de maneira diferente, quanto sua transferência inicial.

Progresso na carreira: Para começar, você precisa planejar como seu retorno irá se encaixar na sua carreira. Idealmente, há uma oportunidade pelo menos tão valiosa quanto aquela que causou sua transferência. Se você desistir de uma posição promissora porque sente saudades de casa, é provável que logo se arrependa disso. O prazer de ver lugares e ter experiências que não tinha em seu país de origem passa depressa, enquanto o impacto de uma redução das perspectivas de carreira é duradouro.

Choque cultural: O que você não espera é que haja pequenos choques culturais por ocasião do seu retorno – em especial se ficou imerso na nova cultura. Alguns dos costumes com que você cresceu e eram aceitos como "normais" podem, de um momento para outro, parecer um tanto estranhos. Você pode não notar muitos aspectos do seu novo modo de vida. E também a vida não parou enquanto você esteve fora. Pode haver novos prédios, novas celebridades locais, novas fofocas e notícias – até mesmo novas gírias. Algumas das discussões que ocupam as mentes dos habitantes locais podem lhe parecer triviais, especialmente se você estiver retornando de uma região que passa por eventos importantes. Muitas das notícias não chegaram até você e, com isso, você perdeu parte da memória coletiva do país. Os jornais, as lojas e os sotaques serão, ao mesmo tempo, familiares e estranhos. Esta experiência pode ser surpreendentemente perturbadora e você irá sentir-se um tanto quanto "por fora" durante algum tempo depois de retornar. Esta é uma experiência surpreendente – afinal, trata-se da "sua" cultura! E você não esperava ter de se preparar para isso. Mas vale a pena se preparar. Como indicamos, é uma boa ideia manter-se em contato com os amigos e parentes que ficaram. Pouco antes ou pouco depois de retornar, prepare uma ou duas conversas prolongadas a respeito de tudo o que você perdeu.

Manter ligações: Pelo mesmo motivo, mantenha contato com os colegas e amigos que fez no exterior depois de voltar. A boa notícia é que existem hoje muito mais meios de comunicação do que há dois anos. Manter esses contatos é particularmente importante se você aprendeu outro idioma e deseja manter a proficiência. É surpreendente como sua capacidade cai rapidamente sem a prática regular.

4
APRENDA UM NOVO IDIOMA

"Aprender o idioma" foi o item de desenvolvimento pessoal mais citado pelos entrevistados na pesquisa de apoio à jornada para se tornar um trabalhador global. Ele só perdeu para a importância de se viver e trabalhar em um país estrangeiro. Os dois estão intimamente ligados. Combinados, eles lhe permitem realmente sentir a vida e testemunhar os negócios de um ponto diferente do globo. Compreender diferentes visões do mundo, conquistar respeito, empatia e simpatia são conquistas oriundas de um esforço de conversação em outro idioma. Sua rede internacional de contatos é ampliada e fortalecida de forma instantânea. Um entrevistado observou:

> *Seria uma iniciativa valiosa apenas para ter pelo menos algum conhecimento. Aprender vários idiomas me ajudaria a ser um gerente global. Até mesmo uma pequena compreensão disso criaria um grande impacto.*

À pergunta "Quais dos fatores, além de especificidades nacionais ou religiosas, constituem o maior desafio para o trabalho em equipes internacionais?", os quatro fatores mais citados foram:

1. barreiras de idioma (30%);
2. trabalhar em fusos horários diferentes (28%);
3. problemas de pronúncia e sotaque (21%);
4. diferenças culturais (16%).

Foi impressionante o fato de o idioma encabeçar a lista e de um fator relacionado ficar em terceiro lugar.

Em outro estudo realizado junto a 36 gerentes, em sua maioria estrangeiros trabalhando na Tailândia e no Egito, o sotaque também foi citado como obstáculo real à comunicação. O desafio de melhorar a pronúncia e a capacidade de entender o idioma falado dominou as respostas. Entre as aspirações típicas estavam:

- *Melhorar meu preparo em outros idiomas, além do inglês.*
- *Ser capaz de falar mais idiomas estrangeiros.*
- *Aprender o idioma local e adaptar-me à cultura local.*
- *Aprender o idioma e o estilo de comunicação adequados ao país.*
- *Conhecer e assimilar características do clima político e econômico, bem como a linguagem e a cultura do mercado em questão.*
- *Aprender outros idiomas além do inglês; cursos em administração internacional de negócios.*
- *Sotaques são uma verdadeira luta para mim, especialmente quando todos falamos inglês e achamos que nos entendemos uns aos outros, mas na realidade, não entendemos.*

Antes de nos prepararmos para o desafio, é bom perguntar: qual é o objetivo que nos leva a aprender este idioma? Se foi ganhar fluência suficiente para conversar em profundidade e conduzir negociações de negócios no novo idioma, então somente anos de aprendizado, incluindo a imersão na outra cultura, poderão prepará-lo. Mas mesmo que o objetivo seja apenas aprender o suficiente para cumprimentar pessoas no outro idioma, quebrar o gelo em recepções de negócios ou festas de casamento, compreender um pouco da cultura local e seguir os sinais rodoviários e as manchetes de jornais, ainda se trata de um conhecimento valioso.

O inglês não é suficiente

No mundo dos negócios, o inglês é o mais comum segundo idioma. Todos os dias, milhares de reuniões de negócios são realizadas em inglês, sem que um único falante nativo esteja presente.

Mas, embora o domínio do inglês seja necessário na maior parte das regiões – e o ensino de inglês esteja se intensificando nas escolas por todo o mundo –, ele sozinho não é suficiente para que você consiga operar na economia global. Por exemplo, na China e no Brasil o inglês é pouco falado em comparação com a Índia, onde é o principal idioma dos negócios. No Mediterrâneo, o conhecimento de árabe, francês ou italiano pode ser mais útil que o do inglês em algumas feiras comerciais ou reuniões de negócios. Em partes da África, os idiomas comuns são o francês ou o português, além dos idiomas locais. Assim, é preciso ter cuidado para não assumir que os trabalhadores, em sua maioria, já são competentes na língua internacional do mundo comercial.

Portanto, aprender o idioma local é, antes de mais nada, uma ferramenta valiosa para se comunicar com os contatos que não falam inglês.

Mas é muito mais que isso. Para o Você Global, aprender outros idiomas traz uma série de vantagens extras *ocultas*:

1. Maior capacidade cognitiva – *torna-o mais astuto*.
2. Melhores qualificações interpessoais – *importantes para conexões*.
3. Melhor compreensão – *uma escuta mais profunda*.
4. Melhores relações públicas – *as pessoas gostam mais de você*.
5. Maior inteligência cultural – *tudo faz mais sentido*.
6. Maior rede global de contatos – *você conhece mais pessoas*.

Maior capacidade cognitiva

Curiosamente, até a década de 1960, no mundo acadêmico de fala inglesa, era crença generalizada que ser criado como bilíngue era prejudicial ao desenvolvimento da capacidade cognitiva. Então, em 1962, um estudo pioneiro reverteu essas suposições. Os psicólogos Peal e Lambert constataram que "as pessoas bilíngues tinham notas mais altas que os monolíngues nas medições verbais e não verbais de inteligência". Eles afirmaram que as pessoas bilíngues "tinham uma estrutura mais diversificada de inteligência e maior flexibilidade mental e que, portanto, seu funcionamento cognitivo se beneficiava com a experiência bicultural e com a transferência positiva entre idiomas" (C. Hoffman, *An Introduction to Bilingualism*).

As crianças que crescem bilíngues tendem a ter maior capacidade mental e habilidade para idiomas. Longe de diluir sua capacidade no idioma dominante, a disciplina melhora a capacidade do cérebro para lidar com vocabulários avançados e com a construção de frases. Isso também proporciona uma consciência maior das diferentes maneiras pelas quais as ideias podem ser transmitidas verbalmente – por exemplo, as diversas estruturas e nuanças gramaticais de expressão.

A maior parte dos estudos se concentrou no aprendizado de uma segunda língua quando criança. Porém, para a maioria dos trabalhadores globais, a realidade é aprender um segundo, terceiro ou quarto idioma quando adulto. Como se sabe, a capacidade de adotar novos idiomas diminui com a idade. A capacidade de absorver novas informações, particularmente sobre línguas, tem seu pico por volta dos cinco anos. Mas embora decline, ela não cai para zero. Os caminhos neurais estão mais "rígidos" na vida adulta que na infância, mas não se tornam completamente inflexíveis. O cérebro do adulto só tem de se esforçar mais. Pesquisas recentes sobre neurociência estão revelando as propriedades espantosamente complexas e elásticas do cérebro humano.

A disciplina para se aprender um novo idioma – e os exercícios sistemáticos que isso exige – resulta em memória maior e melhor desempenho cognitivo. A dedicação contínua ao desenvolvimento cognitivo irá ajudá-lo por toda a vida a manter e ampliar sua capacidade mental.

Melhores qualificações interpessoais

Aprender algumas frases do idioma local ajuda a quebrar o gelo nos encontros iniciais. Isso mostra que você se importa e cria um assunto para conversa. Também ajuda a manter em andamento a conexão interpessoal. E os habitantes locais gostam realmente e respeitam o fato de que você fez um esforço para aprender o idioma deles.

Mas há um outro benefício, menos direto, ao se aprender um idioma estrangeiro: isso desenvolve e aumenta seus poderes para ouvir e se comunicar.

Considere alguns dos atributos vitais exigidos quando se aprende outro idioma: estamos entendendo bem? Estamos sintonizados com a emoção, bem como com o conteúdo verbal, da pessoa com quem estamos conversando? Estamos cientes das nuanças de significado? Podemos verificar, de forma sensível, que temos uma compreensão comum de determinadas frases ou conceitos? Será que nos "ligamos" e fazemos o máximo de esforço para nos comunicarmos um com o outro? Será que nos certificamos de escutar através dos sotaques e entendemos realmente o que estava sendo dito, e não o que *pensamos* que estava?

Observando um grupo de italianos de uma grande firma europeia de engenharia negociando um projeto de construção de uma rodovia no norte da Índia, ficou claro que nenhum dos lados estava de fato entendendo o outro, apesar de todos estarem falando em inglês. Os europeus, à medida que ficavam cada vez mais frustrados, gesticulavam e elevavam a voz. Os indianos não conseguiam entender o motivo daquela confusão. Nenhum dos lados achou que seria importante reconhecer o impacto que um estava tendo sobre o outro. Não é de admirar que o projeto tivesse sido adiado por seis meses, até que um facilitador os ajudasse a se entenderem!

Aprender um idioma ajuda a fazer um ajuste fino na sua inteligência emocional. Quando seu vocabulário é limitado, a comunicação não verbal adquire uma grande importância. Todos nós sabemos que o conteúdo verbal de uma mensagem é somente uma parte de como você se comunica e que fatores como energia, linguagem corporal e entonação têm um enorme significado. Isso acontece até mesmo quando as pessoas que estão se comunicando são fluentes no idioma usado, ainda mais nos primeiros estágios do aprendizado de um idioma. Caso se concentre exclusivamente em tentar decifrar e traduzir mentalmente cada palavra, você tende a ficar para trás e se perder. Se puder "ler" a emoção e reunir ao menos parte do vocabulário, você terá maior probabilidade de compreender a essência da mensagem. Um gesto, um franzir de sobrancelhas, pode enviar mensagens muito fortes para o outro lado da mesa. Como aprendiz de um idioma, você estará especialmente alerta para essas variações e muito menos será "perdido na tradução".

É claro que é útil verificar se você entendeu corretamente, mas essa consciência e sensibilidade virão naturalmente para quem conta com uma alta inteligência emocional.

Maior compreensão

A capacidade de aprendizado de idiomas para elevar a compreensão entre povos diferentes pode ser ilustrada pelas sutilezas na tradução de uma língua para outra. Por exemplo, os diferentes idiomas europeus são caracterizados por numerosos "falsos cognatos" – palavras que parecem ser iguais, mas significam coisas diferentes. *Actually*, em inglês, não significa "no presente ponto do tempo", mas sim "realmente". Em espanhol, *molestar* não significa molestar ou violar, mas simplesmente aborrecer. Às vezes, as diferenças são sutis: *mist* em inglês significa uma neblina fraca, mas em holandês significa "nevoeiro". Assim, o *mist* na Holanda pode ser suficiente para retardar seu voo. Nos anos 1980, o noticiário da BBC levou ao ar a história de um ministro português se queixando de que havia sido "*deceived*" (enganado) por Margaret Thatcher, primeira-ministra britânica. O jornalista que criou a manchete pareceu um tanto confuso por ter sido convidado a comparecer ao estúdio para explicar seus comentários e reduziu a importância do incidente. O narrador passou rapidamente para o item seguinte. É provável que o ministro tivesse intenção de dizer simplesmente que se sentia "desapontado" e cometeu um erro no inglês, ou tenha sido mal traduzido.

Algumas palavras podem ser traduzidas com precisão técnica, mas ainda assim ter significados diferentes devido à cultura. Nos EUA, que têm um histórico de as empresas levarem ao crescimento econômico do país, os termos "executivo", "empreendedor", entre outros, são positivos. Na Grécia, cujos eleitores têm propensão para a esquerda depois de anos de ditaduras de direita, o termo equivalente é *kerdoscopos*, ou "especulador", que é pejorativo.

Até mesmo expressões idiomáticas, caso sejam interpretadas literalmente, podem ser fonte de confusão. Um cidadão da Tanzânia, que trabalha para um banco britânico e foi transferido para Londres, recorda:

> *Quando comecei a trabalhar em Londres, fiquei confuso pelo fato de que, todo fim de tarde, quando as pessoas deixavam o trabalho, diziam "see you later" (vejo você mais tarde), sem que tivessem qualquer plano para se encontrar naquela noite. Somente meses depois alguém explicou que aquela era apenas uma maneira de dizer "até logo" ou "au revoir".*

Aqueles que aprenderam outro idioma e trabalharam extensivamente em uma região na qual não nasceram nem foram educados, em geral costumam se certificar de que haja uma compreensão mútua das frases e expressões importantes. Eles tomam cuidados especiais se as palavras têm importância crucial – por exemplo, em um contrato.

Quantos relacionamentos de negócios são afetados por ambiguidades e erros de tradução como esses? Todos os exemplos acima salientam a importância de se certificar de que haja uma compreensão comum. O participante de um encontro internacional que ousa dizer "Sinto muito, não estou certo de ter compreendido este termo" corre o risco de parecer ignorante, mas, em geral, está prestando um serviço valioso aos membros da sua equipe. Não se acanhe de confirmar que entendeu corretamente. Use a frase "Meu entendimento é.... Está correto?". Esta medida simples poupa horas de discussões penosas – ou, pior ainda, um curso de ações baseado em um profundo mal-entendido.

Melhores relações públicas

Esforçar-se para aprender o idioma do indivíduo ou grupo com o qual você está negociando gera uma enorme boa vontade.

O executivo holandês Jeroen Elbertse, que aprendeu inglês, alemão e "um pouco" de francês e espanhol, comenta: "Esforçar-se para aprender o idioma local é muito útil. Você não precisa necessariamente dominá-lo, e isso na maioria das vezes é valorizado por seus parceiros de negócios".

Robert Barzelay, um holandês/israelense que foi transferido 35 vezes, viveu em 12 países diferentes e visitou, em geral a trabalho, cerca de 100 países, é sócio-gerente da Global Strategists. Além de inglês e holandês, ele fala francês fluentemente. Também aprendeu alemão, espanhol e hebraico. Baseado em sua experiência em trabalho internacional, seu conselho é: "Mesmo que não fale um idioma, sempre procuro aprender 20 ou 30 palavras ou frases básicas na língua do país que visito. É bom para as relações públicas. Mesmo que você erre totalmente a pronúncia, sempre é motivo de risos. As pessoas são muito ligadas ao idioma pátrio, e qualquer pequeno esforço que você demonstrar pode abrir portas ou derreter o gelo em reuniões difíceis".

Considere também esta observação do gerente local de uma fábrica de produtos químicos na Indonésia:

> *Os estrangeiros vinham dirigindo a empresa aqui na Indonésia havia mais de dez anos. Embora alguns de nós falem inglês, a maioria do pessoal se sente mais à vontade expressando suas ideias em nosso idioma nativo, o bahasa Indonesia. Eu não esperava que eles (os estrangeiros) aprendessem um dos dialetos locais ou o javanês, mas eles nem mesmo tentaram aprender algumas frases básicas como "como vai você?" ou "podemos discutir estes itens?". Isso realmente os afastou de nós.*
>
> *O escritório central tentou adotar uma política de cargos para que nós, os locais, pudéssemos ser promovidos. Mas os chefes estrangeiros sempre diziam que não estávamos prontos ou que não éramos bons o suficiente. Como eles poderiam saber, se não se davam ao trabalho de se comunicar com os funcionários?*

É importante que você tenha pelo menos algum conhecimento do idioma da região que está visitando ou com a qual tem negócios, para construir um bom relacionamento com as pessoas de lá.

E não é preciso ser um "mestre" do idioma – se é que isso é possível. Nenhum russo ou japonês poderia dominar o idioma espanhol no nível de Gabriel García Marquez. Mas isso vale também para qualquer pessoa que fala espanhol. Uma outra restrição entre as pessoas é pensar: "Por que me dar ao trabalho de aprender as frases básicas em mandarim? Não tenho tempo para

"EXECUTAR" CLIENTES EM RÍGIDA ROTAÇÃO
e outras "pérolas" de tradução

Algumas destas já foram publicadas, mas simplesmente não conseguimos resistir...

- Em uma lavanderia de Bancoc: Deixe as **calças** aqui para melhores resultados.
- Em um jornal no leste da África: Uma nova **piscina** está tomando forma rapidamente, desde que a empreiteira jogou nela o grosso dos seus empregados.
- Em um hotel de Zurique: Pelo fato de ser impróprio **entreter** hóspedes do sexo oposto nos quartos, sugerimos que isso seja feito no saguão.
- Em um anúncio veiculado por um dentista de Hong Kong: Dentes extraídos pelos mais recentes **metodistas**.
- Em uma lavanderia em Roma: Senhoras, **deixem suas roupas** aqui e passem a tarde se divertindo.
- Na vitrine de um peleteiro sueco: Casacos de pele feitos para senhoras a partir **das suas próprias** peles.
- Em uma agência de turismo tcheca: Faça um passeio a cavalo – garantimos que não haverá **abortos**.
- No balcão de passagens de uma empresa aérea de Copenhague: Pegamos suas malas e as enviamos para todas as direções.
- Em um salão de coquetéis norueguês: Pedimos que as senhoras **não tenham filhos** no bar.
- No zoológico de Budapeste: Por favor, não dê comida aos animais. Caso você tenha algum alimento apropriado, **dê ao guarda em serviço**.
- Em um hotel em Acapulco: O gerente **provou pessoalmente** toda a água servida aqui.
- No folheto de uma locadora de carros em Tóquio: Quando avistar um pedestre, toque a buzina, **melodiosamente** no início, mas se ele insistir em obstruir sua passagem, buzine com vigor.
- Em uma alfaiataria em Rodes: Encomende aqui seu terno. Devido à sobrecarga de serviço, **executaremos** os clientes em rígida **rotação**.

aprender direito e nunca serei fluente". Mas a habilidade em um idioma não é binária. Ela não consiste de duas categorias, "ignorância" e "fluência". Existem *graus* de fluência, inclusive para os nativos.

Se você passou meses ou anos aprendendo um idioma só para passar pela frustração de ficar uma hora e meia no cinema não entendendo quase nada do filme, poderá pensar: "Por que me dei ao trabalho?". Mas você também pode pensar um instante nas vantagens que o aprendizado lhe traz. Você poderá fazer compras, conversar com pessoas que se esforcem para entendê-lo e ler os jornais locais. E pelo menos poderá – com frases simples, saudações e cumprimentos – gerar entre seus interlocutores a simpatia que muito facilitará o processo de trabalhar em terra estrangeira.

Maior inteligência cultural

Os idiomas são formados de maneiras muito diferentes; nem sempre existem termos diretamente equivalentes. Por esta razão, costumamos tomar emprestadas de outros idiomas as palavras de que gostamos. Muitos idiomas adotam termos técnicos ingleses, como "*networking*" e "*software*", e mesmo o inglês é igualmente predatório, pegando "*Kindergarten*" (jardim da infância) e "*Zeitgeist*" (espírito de época) do alemão; "ego", "carisma" e "democracia" do grego; "*rapprochement*" (aproximação), "*detente*" (alívio de tensão) e muitos outros do francês. Para começar, muitas vezes termos importados são escritos em itálico para denotar sua situação de inquilinos e não de membros do idioma anfitrião, mas depois de um período não oficial de qualificação, nós os adotamos como nossos. Algumas palavras, como "OK" e "táxi", são hoje praticamente universais.

A gramática, assim como o vocabulário, é diferente, muitas vezes refletindo atitudes nacionais. O tempo subjuntivo, usado em verbos, denota ambiguidade, contingência, possibilidade. Ele é incomum no inglês e sua popularidade está decrescendo no francês, mas está em pleno uso no espanhol, em que é também a mais popular forma do imperativo. Esta forma educada de expressar uma ordem, como se fosse uma simples sugestão, é sedutora, e parece refletir uma cultura mais descontraída nos países latinos do que nos germânicos e anglo-saxões. Você encontrará uma conexão com um uso mais direto do idioma nos países nórdicos, com ênfase mais forte em pontualidade. Assim, a gramática é de fato um indício da cultura.

Os idiomas também variam na maneira pela qual se referem a entidades geográficas. Aqui, é evidente a influência da política e da história.

Compreender essas variações sutis é uma ferramenta valiosa para se tornar um pensador e trabalhador global. Este território pode ser perigoso. A palavra "América" em inglês se refere aos cinquenta estados dos EUA e não à sua definição técnica, isto é, o continente que se estende do Estreito de Bering até a Terra do Fogo. A definição que trata os EUA e a América como sinônimos passou a ser usada em todo o mundo. Em espanhol, a palavra "América" significa todo o continente; assim, Buenos Aires não é menos americana que o Texas ou Nova York. Mas os espanhóis têm o adjetivo *estadounidense*, que não tem equivalente direto em inglês e é usado para se referir àquilo que é característico da união dos cinquenta estados.

O século XX foi o século "americano", dominado pelo poder financeiro e militar dos EUA, e o uso do termo "América" como sinônimo do seu país mais poderoso reflete isso. Se a importância relativa dos EUA diminuir no século XXI, será interessante ver se esse caráter intercambiável dos termos "EUA" e "América" no idioma inglês, além de outros, se enfraquecerá. O vocabulário pode ser um bom barômetro da política mundial.

Estas considerações estão muito ligadas ao exercício do Capítulo 1 – fazer girar o globo e olhá-lo de um novo ângulo. De que perspectiva você olha para o mundo? Quem é maior em sua mente: a Europa ou a Ásia? Quando ouve a palavra "América", você pensa exclusivamente nos cinquenta estados da "América" ou no grande e diversificado continente americano, que vai quase do Polo Norte ao Polo Sul?

Quando se faz um exercício destes, existe o risco de uma perspectiva reorientada se solidificar em uma nova ortodoxia. Pode ser prejudicial para a comunicação internacional a existência de uma terminologia "certa" e outra "errada", apoiada pela criação e execução forçada de regras politicamente corretas, revelando, por exemplo, o instinto entre os povos de fala inglesa de se referir à América como um país, em especial devido à ausência de um adjetivo alternativo. Existe no comportamento humano a tendência de ver a competição por ideias como uma luta mortal, quando um instinto mais saudável é tolerar o debate, a dissensão e perspectivas alternativas.

A finalidade deste capítulo é mostrar que as dificuldades de linguagem e comunicação salientam perspectivas globais diferentes. A luta é para ver o mundo através de lentes diferentes e se relacionar com os outros como se você estivesse de fato na pele deles. "Mapas" culturalmente alternativos da geografia humana do mundo são, com frequência, incorporados ao inconsciente coletivo de diferentes regiões e idiomas. Existem muitas dessas visões. A experiência dos autores e das pessoas entrevistadas não constitui uma visão unificada universal; assim, nossos exemplos são ilustrativos, mas não exaustivos. O aprendizado de idiomas, em especial quando acompanhado por uma imersão completa em outro país e outra cultura, pode ser uma experiência enriquecedora que propicia um ponto de vista diferente, mas não necessariamente superior. A nova perspectiva é complementar e não compete com a já existente.

A ARROGÂNCIA DO NATIVO DE FALA INGLESA

Aqueles que cresceram falando inglês parecem contar com vantagens naturais para o mundo do trabalho global. Em uma reunião, não sofrem as dificuldades pelas quais outras pessoas passam para acompanhar uma conversa ou uma contribuição de alguém com fala rápida ou sotaque difícil. Podem muitas vezes encontrar alguém que os compreende, ao menos no nível básico. Podem acessar fontes de notícias e comentários em inglês de quase qualquer lugar do mundo.

Porém, esta "vantagem" tem dois resultados infelizes. O primeiro é que todo o exercício de "virar o mundo de pernas para o ar" e olhar para ele de um ponto de vista cultural diferente é, para eles, uma parte opcional – não compulsória – do currículo de educação em negócios. Assim, têm de se esforçar mais para acessar todas as múltiplas dimensões da ampliação da consciência e do crescimento intelectual que provêm da imersão em outro idioma.

Em segundo lugar, essa vantagem dá origem à arrogância entre alguns nativos de fala inglesa, que esperam que todos se comuniquem em inglês. Essas atitudes coloniais não são bem aceitas. Os nativos de fala inglesa precisam se esforçar mais para se comunicar com as outras pessoas e entender os assuntos da perspectiva delas. (Porém, aqueles que fazem esse esforço se veem às vezes numa situação irônica quando começam a falar com um estrangeiro no idioma nativo dele: ouvindo o sotaque, ele muitas vezes responde em inglês!)

O aprendizado de um idioma estrangeiro pode incentivá-lo a se aperfeiçoar em seu próprio idioma, pois você toma conhecimento das infinitas possibilidades de descobertas. O filósofo alemão Johann Wolfgang von Goethe observou: "A pessoa que sabe somente um idioma não o sabe verdadeiramente". A experiência de imersão profunda em outro idioma ajuda a compreender que não há limite para melhorar seu domínio, e isso vale também para seu próprio idioma. Um maior conhecimento de como seu idioma funciona melhora sua capacidade em todos os outros que você fala. Ainda mais importante, para fins de trabalho global, esse conhecimento o prepara para ser comunicativamente sensível aos outros, para ouvir bem. Se alguém comete um erro, você terá mais possibilidade de procurar descobrir o que ele estava *tentando* dizer – e o que isso pode significar na cultura dele, não na sua.

Maior rede global de contatos

A vantagem final de aprender outros idiomas é óbvia: uma maior rede internacional de contatos – pois haverá mais grupos de contatos *on-line* de que você poderá participar. Normalmente, as reuniões presenciais são melhores para a comunicação, mas em um idioma no qual você ainda não é fluente, as redes *on-line* têm a vantagem de permitir que você verifique as palavras enquanto as digita e consulte o dicionário enquanto lê. Ninguém está cronometrando.

Você pode se conectar com muitos grupos diferentes. Como observamos no capítulo anterior, hoje o World Café tem subgrupos em espanhol, francês, português, indonésio, alemão, holandês (embora parte das conversas no grupo do Benelux seja em inglês) e russo. O LinkedIn está disponível em um número crescente de idiomas. Quando este livro estava sendo escrito, eram apenas quatro – inglês, francês, espanhol e alemão –, mas os organizadores estão planejando uma expansão. Nico Posner, escrevendo no blog do LinkedIn em junho de 2009, observou que mais da metade dos 42 milhões de pessoas na rede são de fora da sua base nos EUA. E acrescentou: "Uma solicitação frequente de nossos membros é que ofereçamos o site LinkedIn em seus idiomas nativos". Este pedido é consistente com os resultados das pesquisas nas quais se baseia este livro, as quais mostram que, embora o inglês seja o idioma principal para os negócios em muitos países, o crescimento dos canais multilinguais e a crescente facilidade das pessoas para se comunicar em diversos idiomas constituem fatos valiosos para o trabalho global.

Assim, Nico perguntou aos linguistas do LinkedIn qual seria o maior incentivo para que eles o ajudassem com essas traduções. Uma conta aperfeiçoada no LinkedIn foi a alternativa mais lembrada, citada por 45% dos

entrevistados. Mas as outras preferências citadas lançaram uma luz sobre as ambições dos trabalhadores globais:
1. capacidade para realçar seu trabalho de tradução em seu perfil LinkedIn (38%);
2. participação no LinkedIn Translation Group (30%);
3. reconhecimento pelo líder do grupo de tradução (21%);
4. quero fazer isso porque é divertido (18%).

A última resposta é intrigante. Grande parte do esforço dedicado a redes globais, por parte de trabalhadores internacionais ocupados com pressões e prazos, é motivada por puro interesse pessoal: o desafio intelectual de traduzir e desenvolver habilidades e conhecimentos, associado ao divertimento de se conectar com outras pessoas.

Há muitas pesquisas sobre redes, neurociência, inteligência emocional e outras disciplinas que corroboram a ideia de que o aprendizado de outros idiomas aumenta nossa capacidade de trabalhar como participantes globais. O mesmo se aplica ao aprofundamento de nossa compreensão dos idiomas que falamos. Esse aprendizado é mais natural para aqueles que reconhecem a importância da conexão com pessoas diferentes – em idioma e em visão do mundo – e que demonstram a disciplina do aprendizado contínuo, de tratar cada dia como uma lição. Veremos mais sobre isso no próximo capítulo.

ESTRATÉGIAS PARA APRENDER UM IDIOMA

Antes de se mudar para a região do idioma que você está aprendendo:
- Aproveite toda oportunidade para melhorar sua habilidade em línguas.
- Tenha aulas adequadas, idealmente mais de uma vez por semana. Aprenda gramática e inicie exercícios de conversação o mais cedo possível.
- Aprenda o vocabulário do assunto do qual provavelmente irá tratar – despachos, finanças, têxteis etc.
- Seja claro a respeito da razão para se aprender outro idioma – mas lembre-se de que não é necessário ser fluente para que ele lhe seja útil.

continua >>>

Depois que estiver trabalhando no novo local:
- Não dependa de aprender casualmente através das conversas do dia a dia. Continue com as aulas, estude e pratique.
- Ouça as rádios e assista aos canais locais de TV. As notícias serão a primeira coisa que você será capaz de entender – ficções, como dramas e especialmente comédias, são mais difíceis.
- Logo que puder, comece a conversar e pensar no novo idioma, inclusive com companheiros de viagens ou de trabalho. Você pode ser um de dois russos vivendo em Paris, que falam francês entre si o tempo todo – mesmo quando estão discutindo o que jantar. No começo será estranho, mas este é o caminho para o domínio real.
- Concentre-se em sua pronúncia. Fale lenta e claramente quando conversar com os outros e peça que eles façam o mesmo... por favor.
- Absorva o máximo que puder da visão global diferenciada representada pelo novo idioma.
- Persista. Você poderá ficar frustrado por semanas ou meses, mas chegará um dia em que compreenderá quase tudo que for dito. A primeira piada que entender, o primeiro sonho naquele idioma – estes são marcos avançados. Vale a pena fazer o esforço por esses momentos de progresso.
- Lembre-se: a habilidade com idiomas não é binária. Não é tudo ou nada. É uma experiência contínua de aprendizado.

E depois que você retornar:
- Melhore continuamente sua capacidade nos idiomas que já fala – inclusive seu idioma nativo!
- Use suas habilidades com idiomas para criar redes de contatos *on-line*; dedique tempo para praticar e aprender.

5

APRENDA A APRENDER FORA DA SALA DE AULA

Para se fazer bem qualquer coisa, afirma Malcolm Gladwell em seu livro *The Outliers*, são necessárias pelo menos 10 mil horas. O número pode ser discutível, mas para qualquer pessoa que aprendeu a tocar um instrumento musical, ou conseguiu chegar ao nível avançado em golfe, tango ou – como vimos no capítulo anterior – em outro idioma, ele parece certo. Se quer chegar ao Carnegie Hall, como diz o velho ditado, "meu bem, você precisa praticar!".

Para o Você Global, praticar é uma das chaves para o desenvolvimento de qualidades relevantes de liderança. Seja para habilidades funcionais ou comportamentais, como gestores podemos fazer um curso ocasional ou ter uma série de intervenções orientacionais; fora isso, estamos por nossa conta. Mas dedicamos tempo à prática? A maioria das pessoas volta para a lista de coisas a fazer no dia a dia e não gasta tempo para se certificar de fixar as coisas recém-aprendidas.

Em resposta a isso, mais organizações estão reconhecendo a necessidade de introduzir abordagens de ação ao aprendizado, para assegurar que haja um empenho real pelo aprendizado não apenas no RH, mas também nos participantes e chefes. Se for o chefe, é você quem deverá incentivar as pessoas a aprender e encontrar projetos em que elas possam aplicar e praticar aquilo que aprenderam, quer se trate de um projeto específico para a prática de novas qualificações para gerenciamento de projetos ou de uma iniciativa de planejamento financeiro para a prática de novas técnicas de modelagem financeira.

Sem prática, nenhum dos métodos de aprendizado que estamos apresentando neste capítulo terá qualquer utilidade.

Elimine o aprendizado ineficiente

A maioria das pessoas já passou horas ou mesmo dias ouvindo palestras ou apresentações maçantes a respeito de vários tópicos ligados a trabalho, qualidades gerenciais e liderança. Na maior parte do tempo não foi divertido. Quando elas voltam ao trabalho, levam dias para ler centenas de e-mails e colocar em dia o trabalho atrasado. Muitas vezes o chefe delas não estava interessado no que elas haviam aprendido nem era capaz de entender como era importante começar a aplicar aquilo no trabalho.

Existe a tendência de assumir que "todo aprendizado é bom", mas, na verdade, pode haver muito tempo e esforço mal direcionados.

> *Recebi um e-mail do RH dizendo que eu havia sido indicado para comparecer a um seminário sobre modelagem financeira. Sendo um "homem de TI", eu não sabia por que nem para quê. Durante o treinamento em aula, vi-me cercado de pessoas das equipes de estratégia e finanças e não consegui descobrir o que estava fazendo lá. Eu não tinha interesse no assunto e achei o evento de quatro dias muito tedioso. Isso foi há pouco mais de dois anos e não apliquei nada daquilo ao meu trabalho.*
>
> (Chan W., funcionário de um grande banco global)

Você também pode não ter sabido por que foi enviado a um curso de treinamento em particular e não conseguiu usar nada do que lá foi ensinado. Quase todas as pessoas nos dizem que, depois de um seminário, o *feedback* de 360 graus, ou o *feedback* negativo sobre qualidades interpessoais, costumava ser posto no "arquivo morto" para nunca mais ser olhado, exceto por solicitação do RH ou em tempos de "crise", que podiam incluir a eliminação do cargo ou preterição em uma promoção. Em série recente de seminários avançados que uma equipe docente de classe mundial deu para um grupo de gerentes, a maioria não conseguiu lembrar suas "notas" no *feedback* de 360 graus sobre competência, nem seus estilos de liderança e aprendizado na maior parte das dimensões – as quais eles haviam estudado para o programa básico apenas 12 meses antes. A maioria admitiu que não tinha prosseguido com o planejamento de ações e que quase nada havia mudado, apesar de todos terem dado altas notas para o programa e se comprometido a trabalhar em suas áreas particulares de comportamento identificadas.

Como observa Peter Senge, uma autoridade sobre aprendizado em organizações e com indivíduos: "Se nada de concreto acontecer dentro de 30 dias depois de uma sessão, nada irá acontecer".

As pesquisas nos dizem que a transferência do aprendizado do treinamento para o local de trabalho é muito baixa e que, ao longo do tempo, pouco é lembrado pelo público, sendo a principal razão a falta de prática. Algumas pesquisas chegam a sugerir que o fracasso da transferência chega a 90%

para alguns cursos (Garavaglia, 1955; Georgenson, 1982; Broad & Newstrom, 1992). É claro que grande parte disso é negada pelos treinadores, que, por outro lado, lutam para descobrir que porcentagem do treinamento é de fato transferida para o trabalho.

TORNE-SE UM APRENDIZ GLOBAL: ESTUDO DE CASO

Quando Pedro Havez foi indicado para participar de um Programa de Liderança Estratégica em um importante instituto de liderança, ele supôs que seria "mais um" daqueles programas de treinamento: ler um estudo de caso, participar um pouco na sala de aula, formar redes com colegas interessantes e aprender a respeito daqueles aspectos de estratégia que havia lutado para compreender em um livro. Mas ele teve uma surpresa agradável.

1. Primeiro, ele teve que concluir um programa de *e-learning*. Sem concluir, nada de participar.
2. Depois, um dia inteiro foi gasto com a preparação dos participantes para trabalhar em grupos multifuncionais, multinacionais e multiculturais.
3. O ensino em classe era altamente participativo, com envolvimento intensivo e divisão do trabalho em grupos.
4. Aos participantes foram ensinados modelos específicos que iriam assegurar uma linguagem comum, estruturas comuns e uma abordagem comum.
5. Foram usadas simulações e exercícios voltados para outros países para elevar a assimilação do aprendizado.
6. A seguir os participantes foram divididos em equipes de 5 ou 6, sendo os membros encorajados a aprender a respeito dos pontos fortes uns dos outros e chegar a um consenso sobre as responsabilidades individuais e da equipe.
7. Eles receberam explicações sobre como atuar em equipes virtuais e matriciais para aprender a respeito de normas e valores de equipes, formação de cultura e comunicação.

Continua >>>

8. No fim da semana eles partiram, esclarecidos a respeito dos itens exigidos pelos professores e prontos para começar a trabalhar com projetos da vida real.
9. Durante as 16 semanas seguintes, a jornada não foi fácil. As equipes tinham de trabalhar virtualmente com pessoas de outros países, além das suas tarefas diárias.
10. Embora o inglês fosse o idioma rotineiro, sotaques e maneiras de se expressar dificultavam a comunicação.
11. As equipes continuaram a usar as estruturas e ferramentas da semana de estudos e a aplicar os ensinamentos.
12. Na revisão do meio do programa, alguns grupos haviam começado a se debater com o projeto e com como trabalhar em conjunto, como manter responsabilidades mútuas e como usar a orientação do corpo docente.
13. No final do programa, somente a metade das equipes conseguiu se qualificar para certificação.

Mas aqueles que investiram tempo e esforço ainda falam a respeito do trabalho no projeto (não sobre o processo de aprendizado) e sobre como ele foi valioso.

Aprenda a aprender fora da sala de aula

O que sabemos hoje é que o ensino para adultos deve ser relevante, sedutor, participativo, divertido e adaptado aos estilos individuais de aprendizado. As preferências incluem aprender por observação, leitura, reflexão e prática. Em sua maioria, os gerentes e diretores de aprendizado dizem que o trabalho em projetos e simulações em pequenos grupos costuma ser considerado a parte mais importante de qualquer programa, em especial quando as pessoas são de áreas comerciais, culturas e países diferentes. Aqui, a tecnologia desempenha um papel crucial. Hoje as pessoas podem aprender em seu próprio ritmo, no horário que lhes for mais conveniente, e em suas próprias estações de trabalho. Este aprendizado transcende fusos horários e pode-se ter acesso a ele a qualquer hora e em quase todos os lugares. Ensino a distância (*Mobile-enabled learning* – MEL), *e-learning*, simulações, jogos, *webinários* e *podcasts* desempenham um papel crucial para ajudá-lo a aprender e fixar esses aprendizados relevantes. É importante destacar que você pode estar em qualquer país e aprender enquanto viaja.

> *Gosto de usar meu telefone móvel para me informar a respeito dos novos produtos e serviços que nossa empresa está desenvolvendo. A espera em aeroportos, situação por que passo regularmente, significa que aprendo até quando estou na fila para passar pela segurança ou embarcar em um avião. O mais notável é que assim posso acessar um link da web para ver como nossos clientes estão usando nossos produtos e, então, sincronizar uma conversa ao vivo entre nossas equipes de P&D e de vendas. Todos estão aprendendo uns com os outros. Isto ajudou a melhorar minha capacidade de me comunicar com mais clareza e a colaborar de forma mais eficaz com meus colegas de outras regiões.*
>
> (Gerente regional de vendas, África, de uma
> empresa global de telecomunicações)

Para as pessoas acostumadas a sentar em uma sala de aulas e ouvir, muitas vezes de forma passiva, esta é uma grande mudança. Se você não se sente muito à vontade com o uso de tecnologia, isso poderá até parecer um pouco assustador. Mas pratique algumas vezes. Você irá se perguntar por que pensou que seria difícil. Esta é uma oportunidade de ouro para se conectar com pessoas de todo o mundo e também aprender com elas. Usando tecnologia, você tem a oportunidade de ser mais pró-ativo, fazer muitas perguntas, trabalhar em equipe para concluir projetos, além de se conectar e colaborar com outros participantes por meio de blogs e sites de redes sociais. Isto irá ajudá-lo a se tornar um participante global à medida que aprende a entender o idioma dos outros, como eles pensam e se comportam.

Que tal jogar?

Os jogos constituem uma ferramenta eficaz de aprendizado, pois permitem que os participantes pratiquem simulações da vida real. Para a geração que cresceu com videogames, será muito fácil. Para a geração que mandava os filhos parar de jogar videogames, será mais difícil. Mas persevere. Você ficará surpreso com o quanto poderá aprender com esta técnica. Mas certifique-se de estar jogando videogames recomendados e conceituados. Por exemplo, o Simulation Development Group desenvolveu um jogo para treinamento que lhe permite "viver um dia como seu CEO". Sua equipe de RH deve ser capaz de ajudar recomendando jogos adequados. As melhores universidades, como Harvard e Insead, introduziram recentemente poderosas oportunidades virtuais para aprendizado. Procure entrar para um grupo mundial.

Os jogos para o trabalho normalmente incorporam um estudo de caso relevante para a indústria ou organização, um conjunto de regras realistas para orientar as decisões de negócios e, em alguns casos, um modelo matemático computadorizado que simula um mercado dinâmico. Eles oferecem possibilidades para aprendizado experiencial em planejamento estratégico e formulação de políticas, integração funcional, análise e controle financeiros e planejamento de equipe. O gerenciamento de riscos é aprendido através da análise "e se", e também há oportunidades de se melhorar o treinamento comportamental interpessoal.

Os jogos permitem que os gerentes experimentem fracassos sem consequências pessoais ou organizacionais. Por exemplo, a formulação de estratégias de maneira divertida é um complemento útil para os processos de planejamento estratégico convencionais e ajuda a promover debates a respeito dos desafios estratégicos enfrentados por uma organização.

Em gerenciamento de projetos, a maior parte dos jogos focaliza a fase de planejamento de um projeto. O foco pode estar em questões reais de negócios e em alguns dos problemas em potencial que provavelmente serão enfrentados durante a execução do projeto. Resolução de problemas, tomada de decisões e análise de causas originais são postos em destaque. Que maneira melhor pode haver de se aprimorar as técnicas e a experiência de gerentes de projetos para reagir a eventos inesperados e se prepararem para a execução real de um projeto?

É importante notar que, pela simulação de condições realistas – econômicas e de mercado –, os modelos e conceitos gerados em um ambiente de sala de aulas podem ser facilmente transferidos para o ambiente real de negócios.

Ecossistema global de aprendizado

Neste mundo em que o uso da tecnologia está crescendo e a colaboração é imperativa, uma gama de paradigmas de aprendizado e técnicas de treinamento está entrando em universidades, centros de treinamento e instituições de ensino.

O aprendizado irá cruzar as fronteiras nacionais. Empreendimentos conjuntos e associações vão transformar a maneira como as instituições de ensino operam em um ecossistema global de aprendizado. Tome por exemplo a Escola de Administração de Reims, na França, que afirma ter acrescentado 13 novas escolas à sua rede de parceiros globais, totalizando 150 universidades parceiras em 40 países. Em 2010, ela recebeu cerca de 900 estudantes estrangeiros em seu *campus* – certamente uma atração para pessoas que desejam entrar na arena de empregos globais.

Haverá muitos outros *campi* virtuais atraindo estudantes de todas as partes. É provável que grande parte de nossa educação avançada ocorra por intermédio de institutos e universidades de aprendizado virtual. Você irá aprender ao lado de pessoas do mundo inteiro, mas poderá nunca encontrá-las pessoalmente. Em vez disso, teleconferências, videoconferências e blogs desempenharão um papel maior em seu aprendizado.

Sites de redes sociais, via intranet e internet, também serão importantes fontes de aprendizado. Mas atenção: muitos deles estão focalizados em pessoas em busca de emprego ou pessoas que pretendem "vender" algum serviço. É melhor não perder tempo com eles, mas sim buscar discussões mais acadêmicas ou pelo menos focalizadas com maior seriedade.

Seu aprendizado futuro

À medida que a estrutura hierárquica de aprendizado se esfacela, os tradicionais movimentos de cima para baixo de autoridade, conhecimento e poder irão se desfazer. Muitas vezes, os chefes não têm a experiência ou as informações que você conseguiu acessar ou absorver. De fato, muitas organizações hoje contam com orientação de baixo para cima, dada por "jovens talentos" aos chefões.

Às vezes, pode parecer que estamos enterrados sob uma avalanche de informações, medidas e métricas. Precisaremos decidir quais dados são relevantes e por que, além de resumir as perspectivas relevantes. Uma das habilidades preciosas na era da informação é a capacidade para priorizar – ela diz como você decide agir sobre aquilo que sabe. Também precisaremos explorar como avaliar o desempenho de forma justa, quando muitas vezes parece que não conseguimos lidar com a sobrecarga de e-mails e informações.

O aprendizado conceitual e teórico se tornará cada vez menos relevante. Novos conceitos e novos modos de pensar serão necessários – mas aquilo que você aprende precisa ser aplicável a várias situações diferentes de trabalho. Lembre-se de que é pouco provável que você tenha um emprego para toda a vida e que provavelmente irá trabalhar em vários lugares, com muitas pessoas diferentes e com formações muito diversas.

Portanto, o Você Global necessita de um conjunto amplo de comportamentos transferíveis, como empatia, adaptabilidade e curiosidade, e a capacidade de transferir conhecimento de um papel ou cargo para outro, não importa onde. Aprender não é apenas fazer seu MBA, aprender agora é para toda a vida. Mas aprender não se resume a absorver conhecimentos. É preciso saber onde encontrar informações e combiná-las com sua experiência para construir perspectivas e melhorar sua capacidade de fazer bons julgamentos em várias situações diferentes.

Pense de forma paradoxal. Aceite a ambiguidade

O aprendizado necessário para o mundo global envolve uma mistura de abordagens cognitivas e experienciais; os trabalhadores globais normalmente conseguem misturar habilidades dos hemisférios esquerdo e direito do cérebro.

RECURSOS DE APRENDIZADO ELETRÔNICO

Institutos e organizações que têm desenvolvido inovações para facilitar o aprendizado eletrônico:

- O Kelly Scientific Learning Center é um *campus* de treinamento interativo *on-line* que oferece oportunidades de carreira para profissionais científicos. O centro oferece cursos introdutório, intermediário e avançado em habilidades como desenvolvimento pessoal e gerenciamento e também em habilidades técnicas (http://www.kellyscientific.us/web/us/ksr/en/pages/e_learning_career.html).
- O Elearnspace é um site e blog que o ajuda a explorar o aprendizado eletrônico, o gerenciamento de conhecimentos, as redes, a tecnologia e a comunidade (http://elearnspsce.org).
- A St George's University in London e-Learning Unit (ELU) foi estabelecida em 2001 para promover o uso de tecnologia educacional para melhorar o aprendizado e o ensino em toda a instituição, dentro do contexto da estratégia de ensino e aprendizado da St George. Seus

Continua >>>

> outros interesses estão em estratégia de aprendizado eletrônico, investigação de tecnologias emergentes e avaliação de abordagens e técnicas de aprendizado com suporte eletrônico (http://www.elu.sgul.ac.uk/elu/).

As pessoas com uma abordagem linear e de hemisfério esquerdo, aos negócios, assumindo que haja causas e efeitos distintos e um único modo de operar como trabalhador internacional, têm problemas no mundo plano de hoje. Aqueles que podem aceitar paradoxos e se sentem bem com a ambiguidade – qualidades do hemisfério direito – estão mais bem equipados.

Por exemplo, os gerentes que se sentem à vontade com o paradoxo de que gerenciamento internacional significa, ao mesmo tempo, delegar poderes aos colegas e coordenar de perto as atividades, irão prosperar. Isso parece uma contradição, mas não quando visto em termos de trabalho em equipe no lugar de estruturas ou linhas hierárquicas. Um gerente eficaz terá poderes de empatia, será um bom ouvinte, procurará entender culturas diferentes e dará autonomia às pessoas em suas especialidades. Mas ele (ou ela) permanecerá bem informado do desempenho das diferentes equipes. Ele irá certificar-se de que os diferentes elementos apoiam uns aos outros, corrigirá o mau desempenho e garantirá a consistência e a direção em torno de metas de negócio coerentes.

Pode-se argumentar que o hemisfério esquerdo – especialista, científico, racional – tem sido excessivamente dominante em planejamento e pensamento de negócios. Esta abordagem é perfeitamente adequada para se lidar com a resolução de problemas claramente definidos e não tão boa quando se considera o grande quadro ou se assimila um contexto em rápida mudança.

O volume de pesquisas sobre isto está crescendo. Em seu livro *The Master and His Emissary: The Divided Brain and the Making of the Western World*, Iain NcGilchrist descreve os hemisférios esquerdo e direito como complementares, mas o esquerdo tornou-se excessivamente influente – certamente na cultura de negócios ocidental. Revendo o trabalho, a filósofa Mary Midgley observa que as duas metades do cérebro trabalham melhor juntas quando o hemisfério direito cuida do quadro geral, estabelece prioridades e delega alguma atividade ao hemisfério esquerdo para análise. Os problemas surgem quando o hemisfério esquerdo demora demais e despreza qualquer forma de análise que não envolva medições:

> *Como faz parte da natureza da precisão não olhar para fora – não se incomodar com o que a cerca –, o parceiro especialista nem sempre sabe quando deverá devolver seu projeto à sede central da organização para novo processamento... Nossa ideia do que é importante em termos científicos ou profissionais tem mudado no sentido da precisão literal, privilegiando a quantidade em detrimento da qualidade e a teoria em relação à experiência.*

No período anterior à crise de crédito, os especialistas em risco dos bancos de investimento desenvolveram fórmulas altamente complexas para "calcular" o risco do mercado. A fé foi depositada nos modelos e aqueles que faziam advertências com base na experiência e no quadro geral não eram ouvidos.

Cada dia é outra nova lição

Além do aprendizado ligado ao trabalho, os trabalhadores globais efetivos recebem educação geral a respeito do mundo que os cerca. É claro que é preciso equilíbrio. Nos períodos em que a carga de trabalho é pesada e os prazos prementes, há pouco tempo para se ler a *Harvard Business Review* ou trocar ideias no World Café. Mas a vida profissional felizmente não se divide exatamente em aprender e fazer: o cumprimento de prazos *é* a oportunidade educacional.

Durante a vida profissional, cada dia é uma lição. Muitas pessoas dizem que o mundo do trabalho está "mudando constantemente" e às vezes isso parece uma queixa. Mas uma pergunta é levantada: qual é sua expectativa? Que as coisas permaneçam as mesmas? Até que ponto isso é realista, neste mundo de cerca de seis bilhões de seres altamente curiosos, inventivos e sensíveis, chamados humanos? Se olhamos para cada mudança como uma oportunidade de aprendizado, nossa perspectiva se altera.

Como satirizou Rahm Emanuel, conselheiro de Barack Obama: "Você nunca quer desperdiçar uma crise séria". Assim, mesmo quando os projetos não saem conforme o planejado, existe uma oportunidade de aprendizado. Os exercícios descritos anteriormente neste capítulo estão focalizados na maximização do controle que você pode aplicar ao aprendizado de que necessita para um determinado desafio, mas também há lições a aprender quando acontece o inesperado.

O Você Global espera que cada dia traga algo de novo e dá boas-vindas a isso. Quando as coisas permanecem as mesmas, você fica desapontado e frustrado. A mudança é uma expectativa e uma oportunidade, não um problema. A globalização e a internet trouxeram mudanças dramáticas nas maneiras pelas quais as empresas ganham dinheiro e como os consumidores acessam informações e serviços. Fontes de receita anteriormente confiáveis, cujas margens eram altas porque determinados participantes-chave – como editores de veículos impressos, corretores de imóveis ou compradores intermediários que tinham um alto grau de controle sobre determinados veículos de mídia, acesso a mercados ou informações – deixaram de sê-lo. A internet reduziu drasticamente o limiar de entrada e facilitou as condições comerciais em determinados setores – em especial nos de música, publicação de jornais e mercados de bens usados, de iPods a apartamentos de luxo. Tecnologia, mídia e setores de telecomunicação – anteriormente separados – fundiram-se porque as firmas de tecnologia, por exemplo, buscam conteúdo próprio. A Amazon, originalmente um ponto de varejo de tecnologia, produziu um novo dispositivo para leitura de e-books, o Kindle, e tornou-se uma editora graças ao seu acordo com o proeminente agente literário Andrew Wylie, que representa Salman Rushdie, Philip Roth e outros autores. É provável que haja mais dessas saídas de áreas tradicionais em mídia, edição e música.

Nessas áreas, as empresas e pessoas adaptáveis, que aprenderam a aprender continuamente nos dias anteriores à *Web 2.0*, também têm mais chances de sobreviver e prosperar no novo ambiente. Elas sabem que novos veículos de mídia são apenas meios de comunicação, e que os princípios de bom atendimento aos clientes, boa liderança dos funcionários e bom trabalho em equipe ainda são fundamentais para qualquer empreendimento.

Assim, por exemplo, os editores que cresceram no mundo do papel impresso e veiculam anúncios precisam aprender a respeito de *webinários* (seminários via internet), *podcasts*, YouTube, blogs e Twitter. É um desafio, mas também é muito estimulante. Os lucros podem ser mais difíceis de gerar, mas são obtidos de uma maneira muito mais fascinante, possibilitando maior interação com os leitores e um alcance mais global. A vida profissional de muitas pessoas foi transformada nos últimos cinco anos com a intensificação das redes sociais e outras formas de comunicação, e de muitas maneiras foi enriquecida.

Atingidos novos mercados, estabelecidas novas relações e rotas comerciais e aprendidas novas linguagens, novas qualificações foram adquiridas.

Um dos maiores mitos em gerência – que ainda é ouvido de tempos em tempos – é que "pessoas detestam mudanças". Isto não é verdade: as pessoas adoram mudanças. Somos fascinados por inovações, notícias e fofocas. Somos criaturas inquisitivas que se entediam facilmente. O que o ditado provavelmente quer dizer é que as pessoas não gostam que lhes tirem a autonomia, ou que suas carreiras lhes sejam arrancadas. Na verdade, as pessoas adoram mudanças; queremos fazer parte delas, não que elas sejam algo que nos impuseram. Isto vale para a globalização, tanto quanto para qualquer outra forma de mudança.

Por isso, é importante tratar cada dia como uma lição e sempre procurar crescer e se desenvolver.

EXERCÍCIO: PLANO DE AÇÃO DE APRENDIZADO
Crie sua medida de aprendizado

Lembre-se: "Se nada de concreto acontecer até 30 dias depois de uma sessão, nada irá acontecer". Agora é com você! Portanto, não seja passivo a respeito de pôr em prática suas experiências de aprendizado. Faça seu próprio Sistema de Ação de Aprendizado.

Dê uma olhada no exemplo desta e da próxima página, que preenchemos com dados fictícios para lhe mostrar como ele deve ser usado.

Faça uma tabela semelhante para você e comece a preenchê-la. A ideia é que você mesmo descreva os passos concretos que dará e as referências tangíveis pelas quais irá julgar seu progresso e seu consequente sucesso.

PAPEL ATUAL	Vice-Presidente de Aquisições (itens de tecidos) para uma cadeia de hotéis 4 estrelas
ASPIRAÇÕES DE CARREIRA	Presidente de Aquisições para uma cadeia global de hotéis 5 estrelas

Continua ›››

INICIATIVA DE DESENVOLVIMENTO	Aprender a me conectar melhor com fornecedores chineses e indianos
COMO ME COMPARO?	No mês passado, houve um erro no preço que recebi de um fornecedor indiano, pois o termo local para 10 mil é *lakh* e entendi mal. A linguagem do contrato também estava confusa e, assim, o pedido foi feito com uma semana de atraso.
O QUE PRECISO APRENDER?	Preciso me familiarizar com a terminologia usada na Índia para que não haja mais erros em aquisições.
COMO FAREI ISSO?	Começarei estudando a terminologia. Também tenho um vizinho que trabalha em finanças em outra empresa e perguntarei se ele pode dedicar meia hora de seu tempo para me ajudar a começar. Estou planejando férias no verão e talvez vá à Índia. Então poderei passar uns dois dias com meus fornecedores. Duvido que meu atual empregador patrocine uma viagem à Índia, mas ele pode pagar parte dela.
COMO MEDIREI MEU PROGRESSO?	O relacionamento com meus colegas no exterior é mais forte. Eles são mais compreensivos. Erro zero em pedidos de compras.

6

SEJA VIRTUAL PERMANECENDO REAL

Existe um vídeo no YouTube intitulado "Social Media Revolutions" que, quando este livro estava sendo escrito, já havia sido visto quase 1,25 milhão de vezes. O vídeo passou pela tribo global de marketing e profissionais afins e criou grande agitação. Ele questiona a noção de que a mídia social é um modismo (sem especificar se esta é uma ideia comum), e pergunta se ela deveria ser vista como a maior mudança desde a Revolução Industrial. O vídeo contém algumas estatísticas notáveis sobre a ascensão das redes sociais — e sobre o declínio relativo de mídias tradicionais, como os jornais, como veículos de informação. Algumas afirmações são inquestionavelmente verdadeiras; algumas são inverificáveis, mas é pouco provável que estejam muito erradas. Algumas são surpreendentes; outras, previsíveis. Nenhuma pode ser ignorada com segurança:

- Em 2010, a Geração Y superou em número os *Baby Boomers* e 96% dos seus membros entraram para uma rede social.
- Se o Facebook fosse um país, seria o quarto maior do mundo, depois de China, Índia e EUA. Porém, o QZone, da China, é ainda maior, com 300 milhões de usuários.
- Oito em cada dez empregadores usam LinkedIn como principal ferramenta para encontrar empregados.
- O segmento demográfico de mais rápido crescimento no Facebook é o de mulheres entre 55 e 65 anos.
- Cerca de 80% do uso do Twitter se dá em dispositivos móveis.
- As Gerações Y e Z consideram o e-mail ultrapassado.
- 24 dos 25 maiores jornais estão experimentando declínios inéditos em sua circulação.

Amigos em todo o mundo

O primeiro site de uma rede social, o SixDegrees, foi lançado em 1997. Seus membros podiam receber e enviar mensagens a amigos e se comunicar *on-line* com os amigos dos amigos e suas famílias. Em outubro de 2009, mais de 830 milhões de usuários visitaram redes sociais por meio de computadores em suas casas e escritórios (*National Geographic*, março de 2010).

Toda essa comunicação ocorre em sites de redes sociais. Não só para assuntos de trabalho, hoje uma característica regular desses sites, mas também para trocar fotos de férias, convites de casamento, anúncios de aniversários e assim por diante. Amigos e parentes podem se conectar rapidamente e com frequência, de uma forma, para alguns, um pouco mais impessoal que um e-mail pessoal e aberta e acessível em qualquer lugar, a qualquer momento.

O crescimento tem sido rápido e é provável que continue, assim como a diversificação de veículos e formas de interação, nos próximos dez anos. Quando este livro estava sendo escrito, o iPad da Apple acabava de ser lançado, prometendo maior qualidade de comunicação visual, e leitores de *e-books* como o Kindle estão crescendo em popularidade. Estas são duas maravilhas tecnológicas que você deve pensar em incorporar ao seu conjunto de ferramentas. Se você gosta de ler jornais, mas tudo que encontra quando viaja é um diário local – ou não encontra nenhum em seu idioma –, ler *on-line* resolve o problema. Ou se estiver com vontade de ler um bom livro e não conseguir encontrá-lo em uma livraria, poderá comprá-lo via internet e lê-lo imediatamente. Mas se você preferir um livro de papel, terá de incluí-lo em sua bagagem e no limite de peso, ou conseguir comprá-lo.

Tornando-se virtual

As aplicações de novas tecnologias a comunicações entre empresas também estão crescendo. Tecnologias virtuais e tridimensionais estão se tornando mais populares para treinamento. A exibição virtual, na qual o usuário "visita" estandes tridimensionais, é hoje uma realidade, com considerável economia para as empresas em despesas com hotéis e viagens. É possível que, dentro de dez anos, uma visita a um site transmita a sensação de um espaço tridimensional e não de uma tela plana dominada por palavras.

Para muitas pessoas, os fatos e acontecimentos expostos acima são conhecidos, mas, para outras, ainda há uma curva de aprendizado que aponta para cima:

> *Eu sempre tive uma secretária em tempo integral até a crise financeira. Sinto-me constrangido em dizer que ela até imprimia meus e-mails e eu*

ditava as respostas para ela. Quando estava viajando, apesar de ter um Blackberry, eu nunca me dava ao trabalho de responder qualquer e-mail maior que cinco palavras, e mesmo esses me tomavam mais de cinco minutos. Quando minha empresa reduziu seus quadros e minha secretária saiu, eu não sabia por onde começar. À minha volta, todos pareciam bem, fazendo seus próprios trabalhos. Eu estava sufocado pela tecnologia. Na verdade, precisei de cerca de quatro meses para passar a ter o controle. Jurei que isso nunca mais iria me acontecer.

(Executivo sênior de banco, sediado em Jacarta)

Porém, é importante, ao analisar uma nova tecnologia, distinguir entre características genuinamente novas e verdades imutáveis; assim, a próxima seção será subdividida em duas categorias amplas: *o que muda* e *o que fica igual*.

O que muda

É comum observar que as mudanças, especialmente em dispositivos móveis e na tecnologia de comunicações, ocorrem a um ritmo estonteante, difícil de acompanhar. Porém, o fato de serem ou não rápidas depende das expectativas. A este respeito, a multimídia, tema deste capítulo, está próxima do tema do capítulo anterior, aprender a aprender. As pessoas que estão continuamente à espera de mudanças, que se desapontam quando elas não acontecem, que estão sempre na "sala de aulas" e esperam aprender alguma coisa nova todos os dias, são menos surpreendidas por mudanças na mídia ou nos mercados. Elas esperam que novas maneiras de comunicação com os clientes ou funcionários continuem a surgir e estão ansiosas para agarrar as oportunidades.

Interação virtual

Por exemplo, no campo de serviços médicos, as novas tecnologias podem levar a um entendimento mais profundo e à interação entre médico e paciente sem tomar muito tempo daquele e, em alguns casos, reduzindo a necessidade de um indivíduo fragilizado se deslocar até o hospital. Em artigo na *Harvard Business Review* (jan./fev. de 2010), o médico Ronald Dixon, diretor do Projeto de Clínica Virtual no Massachusetts General Hospital, observa que consegue minimizar as cansativas visitas ao hospital por pacientes debilitados por meio de consultas por telefone. Ele acrescenta:

Agora imagine se, em vez de ter simplesmente uma conversa por telefone, pudermos monitorar pacientes à distância, usando um quiosque como aquele que alguns colegas e eu estamos testando. Se dados confiáveis sobre pressão sanguínea, pulsação e assim por diante puderem ser captados e transmitidos ao médico, algumas pessoas debilitadas serão poupadas da necessidade de ir até o consultório. E o médico terá muito mais leituras, significando mais chances para discernir padrões e detectar anomalias em tempo para agir.

Algumas clínicas nos EUA já introduziram avaliações virtuais contínuas; assim, se, por exemplo, o marcapasso de um paciente não estiver funcionando bem, poderão ser iniciadas intervenções imediatas através de ume rede de clínicas por todo o mundo.

Em experimentos com pacientes, tanto as consultas baseadas em vídeo quanto as "consultas por e-mail" produziram altos níveis de satisfação. Segundo Dixon, "quando chegar o dia em que médicos e pacientes se empenharem prontamente nos três tipos de interação virtual – assíncrona (como e-mail), síncrona a distância (videoconferências) e intermediada por dispositivos (quiosque que coleta sinais vitais), até três quintos das atuais visitas a consultórios poderão ser eliminados".

A multimídia muda nosso modo de pensar?

Tarefas múltiplas, interrupções constantes e estar "sempre ligado" em um mundo superconectado parecem estar afetando profundamente a maneira como absorvemos informações e nos relacionamos uns com os outros. Existe o temor de que estejamos perdendo nossa capacidade de concentração em livros ou artigos mais longos, necessária para a compreensão da profundidade de alguns assuntos. Por exemplo, pode não bastar saber a respeito de declarações recentes da China – pode ser necessário buscar um relatório sobre o comércio daquele país e suas estratégias de investimento desde os anos 1970. Para isso, você precisa de um estudo sério e em profundidade. Será que nossas mentes, executoras de tarefas múltiplas, filtradoras de assuntos e que surfam constantemente, estão à altura da tarefa? A edição de setembro de 2009 da *Harvard Business Review*, "Morte por sobrecarga de informações", relatou que pesquisas haviam mostrado que interrupções constantes do trabalho das pessoas por e-mail prejudicavam a eficiência do trabalho.

Certamente existem perigos, mas é importante nos mantermos no controle. Dar preferência a itens curtos e perder o hábito de estudar a sério é uma opção, um convite – nunca uma obrigação. Numa eloquente resposta a "Morte por sobrecarga de informações", Francis Wade, presidente da Framework Consulting, escreveu:

> *Na verdade, as informações são benignas. A quantidade de informações existentes não exerce força nenhuma por si só, e o mesmo vale para todas as informações voando pela internet. Você e só você decide onde colocar sua atenção. Se você se importa com o fato de que um famoso diretor de cinema acabou de ser preso na Suíça acusado de estupro, não é porque a informação chegou até você. Ela foi selecionada por você do vasto volume de todas as fofocas que existem. Mas se as informações não estão produzindo a carga, o que está? Devemos ser nós ou, mais precisamente, devem ser nossos hábitos. Não há nada inerentemente opressivo a respeito de receber um monte de e-mails, assim como não há nada inerentemente opressivo a respeito de ser um gestor.*

Nos primeiros dias da web, o assunto era mais informações – mais era sempre melhor. Quando apareceu o e-mail, era um prazer ler mensagens em uma tela e não ter de destrinchar pilhas de correspondência. À medida que a tecnologia amadureceu e o fluxo de informações aumentou, a tarefa tornou-se mais uma questão de filtrar, organizar e priorizar essas informações, com ênfase na qualidade, influência e relevância das interações e dos veículos, não assumindo que mais é necessariamente melhor.

Pode-se fazer uma analogia com o transporte motorizado. No início do século XX, para aqueles que podiam comprar um carro, a sensação era: "Maravilha! Sou móvel! E há ruas e estradas pavimentadas quase vazias". Com o aumento do tráfego vieram sinais de trânsito, regras, limites de velocidade e regulamentos; depois, autoestradas para acelerar as coisas, mas que, por sua vez, atraíram mais tráfego. Assim, reclamar do excesso de informações na internet, quando se trabalha em uma empresa do século XXI, é como viver em Manhattan e reclamar de todos aqueles carros.

Quando enfrentar uma superabundância de material para ler, lembre-se de que os jornalistas são treinados para caprichar na manchete e no parágrafo introdutório para atrair o leitor. Sua realização suprema é seduzir uma pessoa a ler um item inteiro de forma automática. O mecanismo de defesa contra esse logro é treinar para se desligar, para ter a disciplina de dizer: "Esta matéria a respeito do Tiger Woods não está entre as prioridades de leitura para hoje, nem mesmo entre as dez mais importantes. Mas vou marcar para lê-la à noite".

Às vezes, é difícil considerar a leitura de notícias *on-line* um "trabalho" – mas precisamos estar em dia com os acontecimentos. A palavra-chave é: priorizar. Assuntos essenciais primeiro, assuntos associados em segundo, esportes e entretenimento em terceiro (a menos, é claro, que você trabalhe em esportes ou teatro, ou que seja parte importante da sua vida manter-se atualizado a respeito do assunto!).

O que permanece igual

Apesar de se falar muito a respeito de redes sociais e das transformações que a *Web 2.0* provocou nos negócios, grande parte é exagero. Uma fraseologia vaga de marketing a respeito de "algoritmos humanos" e "arquitetura social" pode criar uma barreira para os novos participantes em potencial. Ela dá a falsa impressão de que estamos discutindo alguma coisa além da tarefa direta de nos comunicarmos com outras pessoas a respeito de negócios e serviços. Ironicamente, algumas discussões e alguns blogs criados para anunciar o potencial dessas interações *on-line* fazem com que as pessoas se sintam subjugadas ou excluídas e deixem de se envolver.

Os mais espertos entre os empreendedores, gerentes e outros trabalhadores são aqueles que não ficam fascinados nem ofuscados por essa conversa de novos paradigmas, mas identificam o que permaneceu igual.

Em primeiro lugar, é importante lembrar que nada pode substituir a comunicação pessoal de tempos em tempos.

> *Quando Jamie D. soube de uma oportunidade para entrar em uma nova empresa de tecnologia, aceitou de imediato. Nos anos anteriores ele havia reclamado constantemente da política e da burocracia de uma grande empresa que o impedia de progredir; portanto, aquela era sua chance para brilhar. Como presidente encarregado de marketing e levantamento de fundos, ele ficaria sediado em Nova York, enquanto os fundadores e peritos em tecnologia ficariam na Califórnia. Ele dedicou-se de corpo e alma ao trabalho, focalizando a criação de um novo modelo de negócio e a geração de receitas. Ele havia inicialmente*

concordado em comparecer a reuniões trimestrais com a gerência e o conselho de administração, mas sendo tão focado no trabalho, não gostava de se juntar à equipe em jantares ou de participar das "estúpidas" reuniões em hotéis e outros locais.

Um ano depois, ele constatou horrorizado que haviam decidido demiti-lo. Afinal, ele não tinha acabado de levantar US$ 20 milhões na última rodada? Ele teve coragem para falar com os fundadores quando reconheceu o quanto havia negligenciado a construção de relacionamentos fortes com seus colegas. Foi necessária uma rodada de reuniões presenciais com todos os seis fundadores, além de telefonemas contínuos e um retiro de três dias em Miami, para que as coisas começassem a melhorar.

Passados dois anos, Jamie conseguiu realizar a Oferta Inicial de Ações e a empresa está indo muito bem, a despeito do ambiente econômico. Ele aprendeu a lição pelo método difícil e hoje passa pelo menos 25% do seu tempo cuidando de suas redes de relacionamento. E nunca perde uma reunião do conselho. Além disso, procura oportunidades para encontros pessoais, seja em reuniões formais ou informalmente em jantares, para permanecer conectado.

(Presidente de empresa de tecnologia, Nova York)

Permanecem iguais no mundo da *Web 2.0* e na adoção de novas mídias alguns elementos de natureza humana: o desejo por confiança, empenho, sentido e respeito. A comunicação por esse novo meio não reduz a importância destes itens; ao contrário, ela as destaca de novas maneiras. Uma das afirmações em um vídeo do YouTube era de que 78% das pessoas confiam na recomendação de um par sobre um produto ou serviço, ao passo que somente 14% confiam em anúncios. Assim, as mudanças drásticas no ramo da publicidade, causando tanta desorientação nos gerentes de vendas em todo o mundo, especialmente na mídia impressa tradicional, na verdade provêm de um foco mais agudo sobre um antigo princípio – confiança.

Antes de comprar, os clientes estão exigindo mais informações, mais comentários, mais interação. A desgraça cairá sobre qualquer empresa que oferecer produtos ou serviços de má qualidade. Quase todos os sites de varejo, como Amazon ou Best Buy nos EUA, encorajam as pessoas a escrever avaliações sobre o produto ou serviço. Alguns consumidores simplesmente criam blogs, relatando suas experiências boas ou más.

Dessa forma, os anunciantes estão cada vez mais relutantes ao investimento em anúncios genéricos, preferindo pagar por maneiras de abordar diretamente os clientes em potencial e conhecer suas preferências e padrões de compra – em resumo, focalizar. Isso é quase um retorno aos tempos anteriores à Revolução Industrial, antes do advento da comunicação em massa e da propaganda, quando as pessoas trocavam ideias em aldeias e comunidades. A "aldeia" moderna pode ser um grupo LinkedIn em vez das casas próximas agrupadas em torno da igreja ou da mesquita, mas o princípio é atemporal.

> **VENDAS DA OLD SPICE DOBRAM COM CAMPANHA NO YOUTUBE**
>
> Uma equipe de profissionais de criação, viciados em tecnologia, profissionais de marketing e redatores se reuniu ontem [13 de julho de 2010] em local não revelado em Portland, Oregon, e produziu 87 vídeos cômicos curtos a respeito de Old Spice. Em tempo real. E os divulgaram no Twitter, Facebook e em blogs... Todos adoraram os vídeos, além de outros 74 feitos posteriormente; até hoje eles foram vistos mais de 4 milhões de vezes. (http://www.readwriteweb.com).

Na verdade, a nova ênfase da função de marketing em tribos digitais – agrupando os clientes em torno de interesses comuns, em vez de definições sociais e demográficas – faz mais sentido que os grupos demográficos arbitrários de classes A, B, C1, C2 e assim por diante. Paradoxalmente, a mídia *Web 2.0* pode tornar possível uma maneira mais tradicional de ligação com as outras pessoas do que as formas de comunicação de massa do século XX, que eram um tanto impessoais.

E as pessoas ainda querem se reunir. O Twitter teve um crescimento explosivo de uso nos dois últimos anos – mas produziu o fenômeno "*tweet-up*" [reunião entre amigos] na vida real. E apesar de os editores de jornais e revistas lutarem para manter as receitas publicitárias das edições impressa e eletrônica, estão descobrindo que podem ganhar muito mais dinheiro com conferências, reuniões no café da manhã, eventos patrocinados e assim por diante. A mais antiga forma de interação humana – a reunião pessoal – está ressurgindo.

Otimizar, não maximizar, automação

Uma das coisas que algumas empresas de serviços entendem muitíssimo mal na *Web 2.0* é o excesso de automação; selecionar mal o veículo certo para a mensagem. Em nenhum lugar isto é mais evidente do que no atendimento a clientes.

Muitas centrais de atendimento acreditam estar reduzindo custos instalando barreiras eletrônicas formidáveis entre o cliente e o serviço, forçando as pessoas a perder minutos ou mesmo horas atravessando camada após camada de opções automatizadas, algumas das quais condescendentes, criadas em torno de perguntas de múltipla escolha concebidas para se descobrir qual foi o erro estúpido que o cliente cometeu.

Algumas empresas adotaram a providência, aparentemente retrógrada, de reinserir um número de telefone em suas páginas iniciais. Isto não constitui uma retirada da *Web 2.0*. Ao contrário, é um reconhecimento de que o serviço vem sempre em primeiro lugar e de que há situações nas quais os criadores dos programas de ajuda automatizada simplesmente não pensaram.

Da mesma forma, conferências convencionais, reuniões fora do local de trabalho e encontros não saíram de moda; eles continuam essenciais para o convívio social e o aprofundamento dos relacionamentos. Na verdade, agora que a economia mundial parece estar se estabilizando, mais e mais equipes têm organizado esses encontros de trabalho, reunindo pessoas de várias áreas geográficas.

Bom protocolo

Os protocolos básicos de cortesia e respeito pela dignidade humana se aplicam *on-line*, como em qualquer outro lugar. É possível gritar ou resmungar virtualmente para outra pessoa. Anunciar constantemente suas habilidades e se promover através de atualizações no Twitter ou Facebook pode começar a aborrecer outras pessoas, tanto quanto uma reunião no almoço que você dominou, falando somente a seu próprio respeito. É sinal de cortesia mostrar um interesse genuíno pelas metas e motivações de outras pessoas, assim como anunciar as suas.

A empatia é tão importante nas comunicações *on-line* quanto nos encontros pessoais, além de exigir maior esforço devido à falta das indicações visuais da linguagem corporal. Os princípios de relações entre colegas e do atendimento aos clientes são atemporais. É possível conectar, agradar e deleitar pessoas em qualquer meio. Também é possível insultar, importunar e aborrecer. Você pode afirmar seus direitos, ou pode deixar que os outros passem por cima de você, tal como em uma reunião. No ambiente virtual, isso é muito mais complexo.

O uso ótimo se aplica à mídia social por parte de indivíduos, bem como à automação por empresas. Você não precisa estar em todas as redes sociais; e é totalmente prejudicial para essa atividade substituir completamente conversas, encontros e telefonemas convencionais. Provavelmente, é melhor fazer uso de um conjunto central de quatro ou cinco redes sociais e dividir intensamente as ligações entre elas do que tentar manter presença ativa em 20 ou 30. Atividade não é garantia de influência.

Intranet ou outranet?

Se você trabalha em uma pequena empresa, dirige um pequeno negócio ou é um consultor independente, irá constatar que a melhor maneira de se conectar com empresas associadas ou outros atores independentes com quem trabalha é usar a tecnologia. Se as pessoas estiverem em reuniões ou no trabalho e impossibilitadas de receber sua chamada, é provável que façam contato algumas horas mais tarde para discutir questões e oportunidades de trabalho. A terceirização é a forma de trabalho da maior parte das organizações de hoje, seja para serviços de infraestrutura, alimentação, limpeza, enfermagem, centros de atendimento a clientes ou segurança. Quando o trabalho se dá através de fusos horários, isso se torna inevitável.

Blogs internos e gerenciamento do conhecimento estão na intranet, mas é claro que não à disposição do público. Assim, para construir suas redes externas, você pode utilizar blogs "outranet", nos quais a participação é controlada ou limitada, por exemplo, a pessoas que frequentaram determinado programa de educação executiva, ou a uma associação nacional de determinada categoria. Esta é a declaração de missão da American Boatbuilders Association:

> *Através do poder de compra coletivo de nossos membros, iremos nos esforçar para adquirir materiais de alta qualidade ao menor custo de qualquer entidade de construção de barcos dos Estados Unidos. Iremos nos organizar segundo as necessidades para levar a voz unida dos construtores independentes às influências externas, como fornecedores, governo e associações da indústria.*

TEATRO SHAKESPEARIANO VIRTUAL? NÃO FALE BOBAGENS!

Quem teria pensado que *Romeu e Julieta*, de Shakespeare, teria uma montagem de século XXI no Twitter, uma das redes sociais mais poderosas e influentes, que existe somente desde 2007?

A peça *Such Twitter Sorrow* estreou em abril de 2010 sob os auspícios da famosa e tradicional Royal Shakespeare Company. Durante cinco semanas os atores improvisaram em torno de uma história montada na Grã-Bretanha de hoje em vez da Itália antiga, interagindo uns com os outros, com o "público" e com eventos da vida real. Acredite ou não, os próprios atores redigiram os textos, guiados pela trama que indicava onde eles estavam a qualquer momento da aventura. A atriz da RSC Charlotte Wakefield fez o papel de Julieta, de 16 anos, transmitindo suas atividades sob o nome de "julietcap16". Ela chegou a "linkar" um vídeo do YouTube feito em seu quarto – congelado em uma foto de sua falecida mãe.

Este drama experimental do Twitter foi coproduzido pela Mudiark, uma empresa que produz entretenimento em celulares. Sua missão era conectar as pessoas com Shakespeare e aproximar atores e plateias: "Os celulares não precisam ser o anticristo do teatro. Este experimento digital [...] permite que nossos atores usem celulares para contar suas histórias em tempo real e atingir as pessoas onde quer que estejam em um teatro global".

Mas se eles podem fazer teatro virtual, você precisa poder assisti-lo. E se não dominar a tecnologia, ficará de fora.

E quanto às organizações? Podem usar o "teatro industrial virtual" para grandes encontros de vendas, seminários e diálogos globais? Imagine o comprometimento dos membros de equipes se a integração de uma fusão ou aquisição fosse realçada com o uso do teatro industrial virtual. Ou se um novo produto ou serviço fosse lançado dessa maneira. Como a comunicação iria transcender as barreiras culturais e de idiomas, o impacto via celulares poderia ser emocionante. O impacto de qualquer decisão estratégica seria drasticamente ampliado. Por que, então, as organizações não estão usando esses recursos?

Agora pense por um momento no impacto positivo desta declaração sobre os clientes e no quanto esta "outranet" é útil para os construtores de barcos.

O futuro está aí para ficar

Conhecer bem tecnologia, hoje, não é mais opcional. Não interessa se você deseja fazer reservas para uma viagem, pagar uma fatura ou reservar uma mesa em um restaurante, você tem a opção de ficar pendurado ao telefone por horas, falando com um sistema de voz automatizado, ou levar apenas poucos minutos para realizar uma transação *on-line*. Atividades como ir até seu banco para pagar uma fatura ou abrir uma conta ou organizar suas férias "visitando" um agente de viagens estão desaparecendo. Tudo pode ser feito via internet ou por telefone. Conhecer a propriedade que você quer alugar nas Maldivas ou escolher uma viagem até as Ilhas Galápagos torna-se uma transação fácil. Em pouco tempo, algumas das opções "mais antigas" irão desaparecer completamente e você só poderá examinar suas coisas em seu celular ou PC.

Você pode achar que as projeções no sentido de uma economia centrada em dispositivos móveis estão distantes, mas se viajar para quase qualquer país hoje, saberá quanto tempo as pessoas passam com seus celulares, não apenas falando, mas transmitindo e recebendo textos, navegando na web ou acessando um site. Estranhamente, em muitos dos assim chamados países subdesenvolvidos, o número de telefones celulares ultrapassou o de fixos, e todas as pessoas estão, em termos tecnológicos, muito à frente daquelas em países desenvolvidos. Em muitas partes remotas da África e da Ásia, não é incomum ver pessoas que não tiveram acesso aos estudos, muitas vezes de estratos socioeconômicos baixos, realizarem todos os seus negócios usando tecnologia.

Não é de admirar que a maior parte das lojas da Apple esteja cheia de clientes. E agora que o iPad foi lançado, muitas das lojas nos EUA parecem mais mercados agitados do que butiques caras.

As novas aplicações, dispositivos, engenhocas que nascem constantemente não têm fim. Quer você esteja pagando uma fatura, aprendendo a respeito de um novo produto ou serviço que sua empresa pretende lançar, escolhendo um *webinário* ou *podcast*, ou simplesmente trocando textos via celular com seus filhos, o celular capacitado para a internet é definitivamente onde está o futuro da tecnologia – pelo menos nos próximos anos, até aparecer outra coisa no mercado. Assim, esteja você onde estiver e seja lá o que estiver fazendo, certifique-se de não ficar para trás.

DICAS PARA OPERAR EM MULTIMÍDIA

- Se você tem filhos adolescentes ou conhece filhos adolescentes de amigos ou vizinhos, passe uma hora com eles para uma aula de atualização ao menos uma vez por mês.
- Faça um plano de estudos para si mesmo, em especial sobre "o que você não sabe que não sabe". Muitas aulas e instruções podem ser baixadas da internet.
- Se comprar um Mac nos EUA, por US$ 100 a mais você poderá ter um número ilimitado de aulas por 12 meses. A página inicial da Apple relaciona vários tutoriais e é um bom lugar para você começar a se tornar um usuário avançado (http://www.apple.com/startpage).
- Uma vez por mês passe por uma livraria para comprar uma revista qualquer de tecnologia. Leia os relatórios sobre as aplicações existentes e mantenha-se atualizado a respeito dos próximos lançamentos.
- A respeito da mais recente tecnologia de telefonia móvel, a internet o informará sobre todas as notícias e visões (http://findarticles.com/p/articles/mi_m3457/).

7

TRATE O TRABALHO EM EQUIPES MULTICULTURAIS COMO UMA HABILIDADE ESSENCIAL

Depois de ler o capítulo anterior, você pode estar pensando que, se tiver dominado a mais recente tecnologia, o trabalho em equipe não será mais tão importante. E-mails, *webinários* e teleconferências parecem estar funcionando bem, sem que você precise se preocupar muito com o que acontece na outra ponta. Além disso, na visão de muitos gestores que atuam hoje em empresas globais, o inglês é o meio em quase toda parte e a comunicação básica é suficiente; e como a equipe está muito dispersa, provavelmente é impossível trabalhar em equipe. As equipes podem começar a parecer uma opção dispensável.

> A crise econômica eliminou quase todas as viagens de negócios não essenciais. Naquele período não se falava de reuniões para formação de equipes e seminários. E você sabe que as coisas se mantiveram bastante bem, sem que ninguém se preocupasse com toda essa história multicultural. Agora que os negócios estão melhorando, pretendo organizar um encontro de nossos dez gerentes regionais de vendas. Ao acordar, esta manhã, me dei conta de que não sabia como começar. Um membro da equipe sugeriu que nos reuníssemos em Dubai pela localização central, mas outro disse que se sentiria ofendido se a reunião não fosse em Tóquio. Já começaram as guerras territoriais... Você pode ajudar?
>
> **(Diretor de vendas de uma empresa internacional de telecomunicações, sediado atualmente no Qatar; este comentário foi feito em abril de 2010)**

> Não sei por que nossa equipe se reúne, se nada temos em comum. Depois de todo esse tempo, eles ainda se acham superiores a nós.
>
> **(Gerente local de mineradora na África do Sul, que ficou extremamente irritado quando os chefes ingleses organizaram seis seminários mensais para a equipe)**

Mas mesmo que as pessoas que trabalham juntas em um projeto raramente ou nunca se reúnam, elas ainda constituem uma equipe. Há pouco ou nada que você possa fazer sozinho. Haverá muita frustração e muito esforço inútil se seus colegas não conhecerem os papéis uns dos outros, ou simplesmente não se conhecerem. Então, por onde começar?

Você tem a bordo as pessoas certas? O básico

Se você é líder de uma equipe multicultural, é importante que escolha pessoas que não só sejam ótimas em suas posições, mas também tenham atitudes globais e modos de sentir e pensar sem fronteiras. Se você é membro de uma equipe, essas são algumas das áreas que você terá de avaliar sozinho. Lembre-se: ser um Você Global começa com o básico, porém itens básicos precisam ser alimentados constantemente para que continuem a crescer e se desenvolver. Mas, em essência, o que significa isso?

Pense grande e esteja aberto

Primeiro, o Você Global deve ter a capacidade de influenciar e inspirar o pensamento, as atitudes e o comportamento de pessoas de todo o mundo (Adler, 2001; Dorfman, 2003). Conforme as estruturas se tornem mais planas e menos hierárquicas, essa capacidade deve ser uma competência central para todos os membros da equipe, não apenas o líder. Trata-se de motivar os colaboradores e fornecedores, funcionários e agências governamentais, e outros interessados. Por exemplo, se você faz parte da equipe de compras de uma rede varejista de alimentos na Europa, pode ser necessário exercer influência sobre os agricultores ou cooperativas no Quênia ou no Chile para que eles lhe forneçam seus produtos.

Estar aberto significa que você estará interessado em trabalhar e até mesmo viver no exterior. Mesmo que ainda goste do seu próprio país, da sua cultura ou religião, você precisará adquirir uma visão mais ampla do mundo global e ser capaz de refletir fora da sua visão nacional do mundo. Pensar em negócios do ponto de vista mundial deve começar a ser natural para você. Por exemplo, muitas empresas ocidentais viam a China e a Índia principalmente como centros de manufatura e terceirização. Mas a crise econômica ajudou muitos gestores a ver aqueles países como grandes centros de clientes e consumidores. Algumas empresas, como a Procter & Gamble e a Siemens, tiveram um recomeço com um mercado já existente.

Sim, o leopardo pode mudar suas manchas

Aprenda a adquirir novas crenças a respeito de pessoas diferentes de você e a reavaliar suas visões do mundo à medida que expande seu quadro de referência. Se você é líder de equipe, isso irá envolver perguntar aos seus liderados sobre seus pensamentos, opiniões e ideias a respeito de determinadas culturas e – importante – observar como eles se comportam com as "outras" pessoas. Se você ficar surpreso com o comportamento de alguém – por exemplo, a pessoa se atrasa para reuniões ou nada diz durante elas –, descubra por que ela age assim; não assuma que se trata de um assunto ou problema disciplinar, pode ser apenas uma visão cultural diferente.

Os líderes de equipes globais também precisam adaptar estilos de liderança diferentes para liderar, inspirar e influenciar pessoas de diferentes culturas. Por exemplo, em alguns países, como a Holanda, usar um estilo democrático forte pode funcionar melhor. Em certos países asiáticos, como Japão e Tailândia, uma abordagem mais visionária e diretiva, ao menos no início, provavelmente irá criar maior comprometimento. Em algumas culturas, as pessoas podem relutar inicialmente em dar suas opiniões ou em discordar, se esse comportamento não fizer parte do seu modo de se comportar. Formalidade e informalidade também variam muito. Por exemplo, na Índia é comum falar com os chefes de maneira formal, tratando-os por "Senhor" ou "Senhora". Em Londres, por outro lado, as pessoas, em sua maioria, se tratam pelo primeiro nome. Certifique-se de que você e toda a sua equipe sejam sensíveis a pessoas de outras culturas.

> *Foi um choque para mim ver por quanto tempo as pessoas deixam o trabalho na Índia para participar de eventos inimagináveis no Ocidente. Por exemplo, para "o casamento do primo da irmã da minha sogra" ou "o funeral do colega de trabalho do meu primo". Só depois compreendi o quanto as famílias indianas são entrelaçadas... E eu pensava que minha família italiana era unida!*
>
> (Engenheiro italiano, trabalhando em Delhi)

Vá em frente, esteja lá

Embora ler a respeito de outros países e manter-se em dia com novos eventos seja um bom começo para cultivar o Você Global, nada pode substituir a experiência pessoal, nem mesmo programas transculturais de treinamento.

Viaje o máximo que puder e procure viver como um habitante local. Isto lhe dará uma atitude global incipiente e uma abertura que irão deixá-lo em boa posição quando trabalhar em uma equipe multicultural.

Avançar, chegar lá

Uma vez selecionada sua equipe multicultural, é importante garantir que todos se relacionem mais ou menos bem. Como gerente, você terá de consumir continuamente tempo e energia para assegurar que as atitudes continuem a se expandir. As normas ou o comportamento da equipe devem ser consensuais e respeitadas. O trabalho nunca termina.

> Acabei de me mudar para os EUA e estou aprendendo que cada estado tem leis e estilos de vida diferentes. Por exemplo, se um advogado se muda para outro estado, precisa passar novamente pelos exames neste novo estado. A taxação também é diferente. Além disso, mudar de estado requer uma nova carteira de habilitação. Também o foco religioso varia de uma cidade para outra. Por exemplo, Boston é predominantemente católica e o comparecimento às igrejas é muito mais alto que em Seattle. A comida no Texas é muito diferente da de Palo Alto. Tenho visitado regularmente o país há anos, e sabia que havia algumas diferenças entre os estados. Mas viver aqui realmente abriu meus olhos para a complexidade deste país.
>
> **(Executivo sueco de uma empresa fabricante de móveis)**

Se puder, insista para que sua equipe se reúna pessoalmente pelo menos no início do seu projeto ou designação. Isto dará a todos algum tempo para se conhecerem; este é o período crítico durante o qual você define como sua equipe irá trabalhar em conjunto. Pode haver uma série de passos a seguir na primeira reunião, muitos dos quais precisarão ser revisados em intervalos regulares, mesmo que de forma virtual.

Clareza dos objetivos da equipe

Inicialmente, você terá de defini-los, mas também é válido gastar tempo para encorajar debates e engajar os membros da equipe para que estejam alinhados com os objetivos comuns. As metas são difíceis de atingir se, durante o cafezinho ou no banheiro, as pessoas ficam sussurrando que elas são impossíveis ou estúpidas. Coloque essas preocupações, ansiedades e sugestões sobre a mesa, em vez de deixá-las dançando pela sala esperando que desapareçam...

> **UMA ATITUDE GLOBAL**
>
> As pesquisas realizadas durante anos pelo Professor Mansour Javidan na Thunderbird University, nos EUA, destacam três áreas centrais para se avaliar as competências de um Você Global:
>
> - **Intelectual:** Conhecimento e compreensão de negócios e mercados globais, de cadeias globais de suprimento e sistemas sociopolíticos.
> - **Social:** Relacionamentos de confiança com pessoas diferentes de você.
> - **Psicológica:** Abertura, flexibilidade, respeito e disposição para trabalhar com outras culturas.
>
> Vale a pena fazer o Inventário de Atitude Global, ou fazer com que sua equipe o faça, caso você gerencie uma. Você pode encontrá-lo no site da Thunderbird University (http://thunderbird.edu).

Acompanhar

Reserve tempo para facilitar uma discussão a respeito das metas da empresa e, a seguir, as da equipe. Isto inclui metas interdependentes, por exemplo as comuns das equipes de finanças e de marketing, bem como as exclusivas da equipe de finanças. Todos devem partilhar seus objetivos pessoais, e as metas interdependentes entre funções diferentes também devem ser transparentes. Por exemplo, a equipe de RH concorda em trabalhar em conjunto com a equipe de operações para reduzir os índices de desgaste em 2% durante três meses. É importante que todas as metas ligadas ao desempenho ou à empresa sejam tangíveis e mensuráveis.

Chegue a um acordo sobre o processo de tomada de decisões, os papéis e os mecanismos de resolução de problemas. Certifique-se de que os procedimentos operacionais padrão estejam alinhados e que todos os processos sejam claros.

Essas sessões devem focalizar regras básicas e como a equipe irá operar. Para começar, peça que cada membro da equipe relacione pelo menos três valores importantes para ele (ou ela). Por exemplo: respeito pelos outros, integridade, manter compromissos. Depois de um debate, faça com que a equipe escolha, entre os valores relacionados, aqueles considerados mais importantes. Finalmente, discuta os comportamentos e ações que demonstram cada um desses valores e esclareça os comportamentos que podem destruí-los. A consistência é crítica para qualquer equipe, em especial em uma equipe multicultural, porque comportamentos diferentes são interpretados de maneiras diferentes.

A REUNIÃO A DISTÂNCIA

Uma reunião a distância requer uma preparação muito diferente de uma reunião pessoal para que tenha bons resultados:

- Certifique-se de que seu equipamento está funcionando e atualizado. Você não quer sua reunião prejudicada por problemas técnicos, como imagem ou som deficiente, especialmente se já tiver de lutar com quedas de ligações ou linhas de má qualidade.
- Prepare sempre uma agenda para a reunião e faça com que ela circule com antecedência. Assim, ninguém irá se sentir ignorado, mesmo estando do outro lado do mundo. Se a reunião for marcada por outra pessoa, é correto solicitar a agenda.
- Ouça com atenção. Quando as pessoas estão fisicamente presentes, você pode ler os movimentos faciais e a linguagem corporal. Em uma reunião a distância, isso é mais difícil. Os problemas de sotaque e empregos diferentes das palavras também aumentam.
- Em caso de dúvida, não hesite em pedir para a pessoa repetir o que disse: "Não consegui ouvi-lo bem, você pode repetir, por favor?".
- Confirme que entendeu uma mensagem dizendo: "O que entendi é que você quer...".
- No final da reunião, procure chegar a um consenso quanto aos seus resultados e às providências que deverão ser tomadas e envie-os por e-mail a todos os envolvidos.

Planeje as reuniões subsequentes. Muitas pessoas em empresas tradicionais reclamam do excesso de reuniões, mas é possível haver escassez de reuniões, especialmente em equipes dispersas. Neste caso, o principal problema é uma falta direta de comunicação. Na maioria dos casos, o que funciona melhor é a reunião semanal, para pessoas que ficam no mesmo local, ou a teleconferência semanal para equipes dispersas. Elas poderão ser bastante curtas se as pessoas vierem preparadas e os resultados forem esclarecidos com antecedência. Se vocês estiverem em regiões diferentes do mundo, um encontro pessoal anual ou semestral será útil.

O que acontece quando discordamos?

Há alguns anos, o produtor musical britânico Nick Lowe lembrou, em uma entrevista no rádio, o tempo em que gerenciava a banda de rock Elvis Costello & The Attractions. Comentando sobre as frequentes discussões entre os músicos, ele observou que nunca fazia objeções. Na verdade, ele muitas vezes as provocava. Sua visão era de que grupos cujos membros eram educados uns com os outros o tempo todo produziam músicas insípidas e nada originais, que não faziam o público levantar das cadeiras.

Parece a conversa típica de um rebelde do rock-and-roll, mas o improvável apoio vem das páginas da *Harvard Business Review*. Na edição de dezembro de 2009, o artigo "How to Pick a Good Fight" identificou a capacidade para discordar abertamente como sendo vital para um trabalho em equipe bem-sucedido. O excesso de harmonia e alinhamento pode imbecilizar o debate, eliminar a discussão de riscos e encorajar a complacência. O artigo contava, por exemplo, como a cultura do banco de investimento Lehman Brothers havia se tornado "excessivamente agradável e leal" em meados da década de 2000. As pessoas estavam alinhadas e apoiavam umas às outras, mas seguiam em uma direção de alto risco extremo. O problema com o excesso de harmonia era que ninguém queria dar o alarme e mostrar a proximidade da beira do abismo. A atmosfera desencorajava a dissensão necessária a uma exploração adequada do risco através do planejamento de cenários e outras formas de discussão aberta. Esta cultura foi uma das razões para a morte súbita do Lehman.

Em contraste, os autores relataram o caso de Rolf Classon, o novo CEO de uma empresa de serviços de saúde, que estava preocupado com os riscos de uma grande aquisição em potencial. Com o apoio dos proprietários da empresa, ele garantiu que o executivo que havia defendido a aquisição tivesse voz ativa no debate e também acesso ao conselho de administração. Embora o executivo estivesse insatisfeito com o desenrolar dos eventos, sua contribuição possibilitou uma exploração robusta e aberta de todas as opções para a empresa e resultou em uma melhor direção estratégica para ela.

Dadas nossa inteligência e nossa autonomia como seres humanos, não é realista nem democrático assumir que podemos ou devemos todos pensar da mesma maneira. Isso não é um verdadeiro trabalho em equipe. A tão buscada meta de "alinhamento" do pessoal de uma organização com as metas comerciais pode ser mal compreendida. Afinal, é antinatural que, enquanto não toleramos a falta de uma voz ou do debate no cenário social e político, assumamos que isso pode funcionar em uma corporação.

Uma parte vital para se tornar um trabalhador global é a capacidade de aceitar diferenças honestas e debatê-las sem recorrer a insultos pessoais nem demonizar as visões do mundo daqueles de quem você discorda. Mas se você lidera uma equipe global, tome cuidado. Na Ásia, é considerado extremamente desrespeitoso discordar do chefe, em especial quando há outras pessoas na sala. Este também é um comportamento muito difícil de mudar da noite para o dia.

O desacordo é mais criativo quando há pelo menos algumas regras cobrindo padrões mínimos de conduta. O excesso de regras mata a criatividade, o bom-senso e a troca de ideias; a escassez delas, junto com a discórdia, paralisam a equipe. O importante é alcançar o equilíbrio – alinhar a equipe, mas tolerar a dissensão. Ser honesto e criativo significa criar uma estrutura e maneiras de trabalhar que possibilitam o livre debate.

Planeje como um advogado, implemente como um amigo

Um mantra útil é "planejar como um advogado, implementar como um amigo". Usadas de forma adequada, as regras escritas – estabelecendo claramente valores, princípios e expectativas consensuais – reforçam a confiança e as maneiras informais de trabalhar.

Isso pode ser muito importante em equipes multinacionais que se comunicam em inglês, nas quais somente alguns participantes são de países de fala inglesa. O delineamento de um conjunto de regras e expectativas identifica de antemão quaisquer áreas potenciais de desacordo – por exemplo, qual departamento ou empresa fica com quais custos – e cria uma estrutura para a discussão das diferenças. Lembre-se: a falta de clareza em relação ao caminho a ser seguido fará com que as equipes errem e tropecem.

Para arranjos contratuais formais, como um contrato de terceirização, é essencial um acordo por escrito. Para equipes mais informais, as "regras" podem vir sob a forma de valores e princípios comuns. As regras devem ser um meio para um fim: ajudar na criação de confiança e trabalho em equipe.

Porém, as regras se tornam sufocantes quando passam a substituir a tomada de decisões, quando um grupo temeroso simplesmente faz aquilo que é permitido, em vez de explorar aquilo que pode ser realizado. Elas devem ser vistas como provedoras de uma base para consenso, trocas de ideias e progresso, um conjunto mínimo de padrões abaixo dos quais não se deve permitir que a conduta caia, mas não como um teto para as aspirações do grupo. É preciso que haja permissão para uma ideia que não foi pensada antes.

As dimensões multiculturais

Todo CEO lhe dirá que a presença de uma equipe multicultural diversificada é crítica em negócios multinacionais. Muitas vezes, eles não sabem exatamente por que, mas existe uma forte crença de que é necessária a conexão com clientes e fornecedores através de funcionários que tenham a mesma cultura deles. As equipes diversificadas são vistas como promotoras de inovações e inclusoras de riqueza ao planejamento, à tomada de decisões e à resolução de problemas. Mesmo em um mundo ideal, criar e manter uma equipe multicultural é um desafio formidável, que exige comprometimento e comunicação contínuos. Simplesmente reunir a equipe não é suficiente.

> *Estava claro que, apesar de haver alguns técnicos muito bons na equipe, estávamos tão presos à nossa crença de que éramos os cidadãos de primeira classe da equipe que nossa aquisição na Espanha não conseguiu o desempenho que havíamos previsto. Nossa arrogância, na crença de que, como adquirentes, éramos melhores que eles, distanciou os funcionários de lá, tornando muito difícil o trabalho em equipe.*
>
> (Membro de equipe de uma montadora de automóveis com sede na Alemanha)

Se você é membro de uma equipe multicultural, está prestes a se tornar um ou simplesmente trabalha com pessoas de outras culturas, aqui estão algumas dicas essenciais para se lidar com as complexidades do trabalho multicultural.

Aprenda a ouvir bem os sentimentos, bem como o conteúdo

Dê aos outros a chance de comunicar suas visões. Procure investigar se não as entendeu ou se delas discorda. Isto, ao contrário de simplesmente discordar, irá mostrar respeito e cortesia. Nunca se sabe se eles podem ter se expressado de maneiras difíceis para você entender. Este é o caso especialmente em equipes multiculturais, uma vez que ler a linguagem corporal de outras culturas é difícil. Os ocidentais, em particular, têm dificuldade para entender o que alguns asiáticos estão querendo dizer.

Procure ouvir aquilo que eles estão de fato tentando transmitir, além do conteúdo lógico. A intenção serve de base para tudo.

Ajude os outros a se encaixarem

Desenvolva uma compreensão a respeito de outras religiões e culturas. Independentemente dos antecedentes, todos os colegas devem ser tratados de forma justa e inclusiva.

> *O primeiro dia da reunião no hotel tinha ido muito bem. Durante o jantar, o contingente britânico predominantemente masculino dirigiu a conversa para o críquete. O assunto era bom para o australiano que lá estava, mas três dos dez ficaram de fora. Sou de Moscou, meu outro colega era de Nova York e havia uma mulher de Bancoc. O segundo dia não foi tão bem. Nós três estávamos realmente irritados com o comportamento deles.*
>
> (Diretor financeiro de um banco esforçando-se para ser global, mas ainda dominado pelos britânicos)

Piadas não são engraçadas

Piadas étnicas não têm graça. Piadas sobre bôeres na África do Sul, sobre irlandeses ou judeus, a respeito de mulheres dirigindo ou de sogras têm grandes chances de irritar alguém. Piadas devem ficar com seus países proprietários, caso se queira contá-las.

Até mesmo piadas a respeito de assuntos do dia a dia podem ser perigosas, caso os envolvidos não se conheçam bem. Veja, por exemplo, o seguinte diálogo entre um argentino e um chileno durante o colapso do austral argentino na década de 1990:

"Não, eu não faria isso – nem por um milhão de austrais"

"Sei – equivale mais ou menos a cinco pesos, não é?"

Se isto acontece entre dois bons amigos sem problemas de dinheiro, pode provocar risos. Mas se alguém está preocupado com o fato de os pais idosos estarem perdendo as economias da vida inteira, pode provocar irritação.

Respeito e cortesia se aplicam a todos

Podemos pensar que estamos sendo respeitosos, mas outras pessoas podem achar o contrário. Procure entender o que determinadas palavras ou comportamentos significam em diferentes culturas.

Considere esta cena. Uma educada recepcionista de uma empresa indiana, desejando informar uma gerente de que havia uma visita para ela na recepção, disse-lhe: "Há aqui um estrangeiro que quer lhe falar". Ouvindo isso, o visitante, que era um cliente importante de Manchester, quase foi embora.

8

CONSTRUA SUA REDE PESSOAL DE CONTATOS

Um dos livros favoritos de Barack Obama é o histórico *Team of Rivals* – "Ele fala o tempo todo sobre o livro", contou um assessor à revista *Time* em 2008. Escrito por Doris Kearns Goodwin, o livro cobre a vida política de Abraham Lincoln e seus contemporâneos antes e durante a Guerra Civil, de 1861 a 1865. A frase "equipe de rivais" está sendo aplicada agora ao gabinete de Obama e é um assunto citado nos círculos de Washington.

Lincoln tinha uma estranha habilidade para formar redes de contatos. Ao contrário de seus rivais, ele nunca permitia que desavenças pessoais se desenvolvessem ou explodissem; ele chegou a nomear para seu gabinete uma pessoa que o havia humilhado anos antes e teve com ela um relacionamento de trabalho altamente eficaz. Quando os membros de seu gabinete discutiam, ele procurava entender suas posições e achar um "terceiro caminho". Se rebaixava ou desautorizava alguém, certificava-se de não haver embaraço público e se esforçava para verificar como a pessoa estava se sentindo. Assim, ele gerava lealdade e fortes ligações que duravam décadas.

A missão pessoal de Barack Obama é construir fortes ligações com políticos e empresários influentes em todo o mundo. Ele também está disposto a adotar uma rede global de contatos. Não se esqueça de que ele foi o primeiro presidente da *Web 2.0*, controlando o poder de sites de redes sociais como Facebook e Twitter para ajudá-lo a chegar ao topo da árvore política. Incorporando tecnologia às lições de operadores eficazes do passado, Obama mostrou ser suficientemente perspicaz para adotar métodos modernos e princípios eternos para enfrentar os desafios de hoje.

Uma forte rede de pessoas que o apoiam – para que seja eficaz em seu trabalho e tenha bem-estar em sua vida – irá mover seu motor de desempenho efetivo. Isto vale para operadores globais de todos os níveis, não apenas para os ocupantes de cargos elevados.

Hoje, trabalhar significa trabalhar em equipes. Cada vez menos coisas podem ser feitas individualmente. Além do projeto ou dos esforços em equipe, sua carreira é construída em torno de uma rede mais ampla. É essencial alimentar e compreender essa rede.

Seu trabalho é seu equilíbrio social

Falamos a respeito do "equilíbrio trabalho-vida" como se o trabalho fosse separado da vida, e não parte dela. Lembre-se, a Gallup World Poll citada no Capítulo 1 observou que o único fator que unificava a população global era o desejo por um bom emprego. Isso nos faz lembrar de que seu ativo mais importante é sua carreira e não, como afirmam os políticos em muitos países, a sua casa. Portanto, "trabalho" e "vida" são partes contínuas da experiência humana.

A superposição está se tornando maior à medida que a tecnologia móvel permite que mais trabalho seja feito em casa, no aeroporto e no trem. Isto aumenta a pressão sobre nós, se assumirmos que devemos trabalhar 24 horas por dia, 7 dias por semana. Isso também significa que as redes "sociais" e "de trabalho" naturalmente se superpõem – e, para muitas pessoas, a superposição está aumentando. Para os trabalhadores globais, isso se tornou um modo de vida. Você recebeu uma função em outro país ou aceitou aquela promoção, mesmo que ela significasse uma mudança, porque sua carreira é realmente importante e você gosta de aprender.

Algumas pessoas tentam traçar linhas entre trabalho e relacionamentos sociais, usando, por exemplo, o Facebook para assuntos pessoais e o LinkedIn para o trabalho. Porém, para a maioria das pessoas, as linhas são vagas. Sempre haverá pessoas com as quais você trabalha que se tornam suas amigas, ou vice-versa. Elas se transformam em papéis e relacionamentos formais e informais. A maioria das formas de comunicação com as quais qualquer pessoa ativa e inquisitiva pode se envolver simplesmente não pode ser categorizada.

Digamos que você é um criador de *software* em uma empresa importante e está interessado em desenvolver e criar websites. Esta é, em parte, uma opção de carreira em potencial, mas também se deve a um interesse puro. Assim, será que a rede social de que você participa, cujos membros estão interessados em projetos de sites e na qual você se envolve em longas discussões com outros membros, é uma atividade de trabalho, social ou um *hobby*? Provavelmente as três coisas e tudo bem. Mesmo que isso nada tenha que ver com o *software* patenteado com o qual você lida em seu trabalho, é provável que seu empregador se beneficie do fato de você estar aumentando seu conhecimento da web e dos seus relacionamentos com outros criadores. Sua carreira também será beneficiada, em especial no longo prazo, pois esses contatos são intelectualmente estimulantes, além de constituírem uma maneira de se conectar socialmente com outras pessoas, inclusive de outras partes do mundo. Mas isso não tira a prioridade de uma solicitação premente de uma empresa cliente do seu empregador.

Tudo isso é bom-senso, mas o bom-senso pode ser uma vítima quando as regras corporativas procuram limitar o "uso não autorizado da web", por exemplo, sem definir com clareza onde termina o trabalho e começa a curiosidade social. Assim, até mesmo o bom-senso necessita de atenção e definição constantes.

Uma boa rede ajuda

Mais importante — e isto está apenas começando a ser considerado no mundo globalizado de relacionamentos com organizações terceirizadas, empreendimentos conjuntos e equipes temporárias de projetos —, a capacidade para liderar, facilitar ou ser apenas membro de uma equipe é, em si, uma qualidade valiosa. Somente agora ela está tendo seu valor reconhecido porque não aparece no balanço da empresa e é difícil de apresentar em um currículo convencional.

> *De repente me dei conta de que a melhor equipe de que participei era como a banda de jazz na qual eu tocava nas noites de sábado. As pessoas se reuniam por um período mais curto ou mais longo, dependendo do projeto, e depois iam embora, voltando algumas vezes. Nosso líder sempre a fez funcionar por ser aberto, ouvir bem e ajudar os recém-chegados a começar, agregando valor desde o início. Se você observasse nossa banda, às vezes um trombonista ou guitarrista aparecia e tocava conosco e então desaparecia por algumas horas. Muitas vezes, alguém que conhecíamos pegava o microfone e cantava. A questão é a seguinte: tanto na música como no trabalho, tínhamos criado redes fortes e sabíamos quem trabalharia bem conosco.*
>
> (Gerente da Bechtel, empresa internacional de gerenciamento de projetos, que trabalhou na Califórnia, no Egito e na Nigéria e agora trabalha em Mumbai)

O mito de que a carreira é uma atividade solo precisa cair. Uma presidência é um trabalho em equipe, mesmo quando ela é uma "equipe de rivais", e o mesmo se dá com todos os papéis nas empresas globais. Pode-se dizer que o ensino de administração, influenciado fortemente pelo individualismo da cultura norte-americana, enfatizou demais o indivíduo, por exemplo nos milhares de livros sobre qualidades de liderança. É claro que a pessoa que é gerente ou líder não precisa de qualidades pessoais, mas ela sempre trabalha dentro de redes, e o faz com maior eficácia controlando o poder das redes. A consultora e escritora Kathleen Paris, da Universidade de Wisconsin, comenta em seu livro *The Clover Practice*: "Nossos heróis americanos populares – John Wayne, Rambo, Dirty Harry etc. – são figuras que atuam sós e têm sucesso... Mas pensar que somos bem-sucedidos em uma organização por nosso próprio mérito e esforço quase sempre é uma ilusão".

Ela questiona o conceito do herói solitário oferecendo três princípios para um trabalho eficaz:

1. Dizer sempre a verdade.
2. Falar por si próprio (não presuma que você fala pelos outros).
3. Declarar sua interdependência.

Ela sugere que pensemos de forma mais sistemática nas pessoas das quais dependemos para concluir nosso trabalho. "Eu me pergunto o que faríamos de forma diferente se realmente déssemos valor ao fato de nosso sucesso depender de outras pessoas fazerem bem o trabalho delas."

Você nunca sabe quem o está observando

Todos nós já vimos pessoas prejudicando suas próprias carreiras por serem hipercompetitivas. Elas veem qualquer pessoa como inimiga ou rival em potencial; a confiança quase não existe. Ironicamente, essas pessoas exageradamente ambiciosas não progridem. Para que você tenha sucesso, é provável que outras pessoas também o tenham. E isto não vale somente para sua equipe, mas também para seus fornecedores, parceiros e clientes.

É claro que rivalidade e competição também existem e são vitais para as organizações e a economia. Mas o profundo nível de cooperação exigido, particularmente na economia de serviços e no desenvolvimento de bens ou serviços altamente sofisticados, ainda tende a não receber seu devido valor.

Assim como sua carreira progride, o mesmo se dá com as carreiras de participantes vitais da sua rede. E isso é encorajador. No próximo capítulo, quando introduzimos o conceito de perfil pessoal, mostraremos como a "Marca chamada você" representa uma rede de indivíduos na qual há respeito mútuo e também competição.

As redes se reforçam umas às outras

Assim como pode haver competição e cooperação entre indivíduos, o mesmo também vale para redes. Por vezes, as demandas das suas várias redes — de trabalho e sociais — parecem estar em conflito. Porém, há sempre maneiras pelas quais você pode utilizar a especialidade de uma rede para solucionar um problema em outra.

> Ouvi o sujeito em seu celular no saguão do edifício, gritando com sua secretária, usando palavras de baixo calão. Ele ignorava as pessoas que passavam. Na ocasião, eu não sabia que ele era candidato ao cargo de CEO de um dos meus clientes. Informei o sócio encarregado da busca sobre os maus modos daquela pessoa e seu nome foi eliminado da lista.
>
> **(Recepcionista de uma prestigiosa firma de *head-hunters* em Paris)**

Veja suas redes não apenas como grupos de conhecidos e colegas, mas também como fontes de critério, aprendizado, experiência e ajuda. Suponha que você esteja em uma equipe de projeto que está colaborando com várias organizações diferentes — talvez desenvolvendo padrões para uma profissão. Você está para iniciar uma longa reunião ligada ao projeto quando seu gerente o chama para fazer um pedido urgente: você poderia encontrar um especialista ou descobrir a respeito das regras de proteção de dados na Índia? Você pode não gostar de demandas conflitantes, mas, por outro lado, pode ser que as pessoas na reunião que está para começar possam ajudá-lo com a solicitação do seu gerente. Por que não perguntar se alguma delas poderá auxiliá-lo? As pessoas, em sua maioria, gostam de demonstrar seus conhecimentos e ajudar se puderem.

Mas para pedir um favor destes é preciso que você tenha mantido bons relacionamentos em suas várias redes.

Se conhecer as pessoas como pessoas, você irá descobrir nelas talentos e áreas de interesse. Assim como é um erro estereotipar as pessoas por nacionalidade ou região de origem, também não é útil categorizá-las rigidamente pela profissão. O engenheiro civil que você está prestes a conhecer pode ter muitos conhecimentos a respeito de qualidades interpessoais "intangíveis" ou muita experiência em logística. Você não saberá se não perguntar!

EXERCÍCIO: CONSTRUA SUA VISÃO DE REDE

Pense um momento a respeito de líderes importantes que introduziram mudanças positivas na vida dos outros. Mahatma Ghandi e Nelson Mandela trabalhavam com redes fortes, não importando a dificuldade do desafio e o quanto eles estavam isolados do mundo. Imagine ser encarcerado com quase nenhuma conexão com o mundo exterior, durante anos, talvez décadas, e mesmo assim realizar o que eles realizaram. Reflita um pouco sobre como eles fizeram aquilo. Assista a um documentário sobre como Ghandi marchou por toda a Índia com hordas de seguidores. Como sabiam onde ele estava ou para onde estava indo?

Pense agora nas pessoas que conheceu que trabalhavam bem através de redes fortes. Pode ter sido um chefe, um subordinado direto, um colega ou um cliente. Procure entender por que essas pessoas agregaram valor às suas vidas e ao seu trabalho.

Desenhe agora uma representação das redes, de trabalho e sociais, das quais você participa, e pense na intimidade e na importância de cada conexão da sua rede. Pense em onde sua rede o apoia e em onde você precisa aprender a trabalhar melhor. Essa é sua "visão de rede". Ela é representada em duas dimensões, mas ajuda pensar em três: a força e a natureza dos relacionamentos, o número e a categoria. Esta rede não tem fronteiras?

A finalidade da visão de rede é mostrar os indivíduos-chave na sua rede que irão ajudá-lo naquilo que precisa realizar no trabalho. É melhor incluir todos os colegas, parceiros, fornecedores, amigos etc., uma vez que, no mundo real, você terá de gerenciar bem todos eles para ser eficaz. Esta rede pessoal provavelmente irá diferir muito das linhas formais de relacionamento.

continua >>>

Dentro do círculo interno estão pessoas cujos relacionamentos são "essenciais"; as mais distantes são "úteis". Use linhas de estilos ou cores diferentes para denotar os diferentes relacionamentos entre você e os outros na sua rede. Por exemplo, usamos linhas sólidas, pontilhadas e onduladas; você também pode usar cores diferentes.

Este é apenas um diagrama sugerido – qualquer representação visual semelhante pode funcionar bem, se conseguir chamar a atenção para os relacionamentos essenciais que fazem você e sua equipe – ou equipes – trabalharem de maneira eficaz.

Reveja as redes das quais você é membro. Elas são as certas? Ou você ficou com preguiça de se desligar delas?

Agora registre o "valor agregado" de cada rede ou membro de rede. Quanto tempo você passa com eles? Quais são as interdependências? O que funciona para você ou para eles? Agora dê uma limpada nas redes, organize-se para a diversão e o trabalho e verifique as superposições. Certifique-se de que haja algumas.

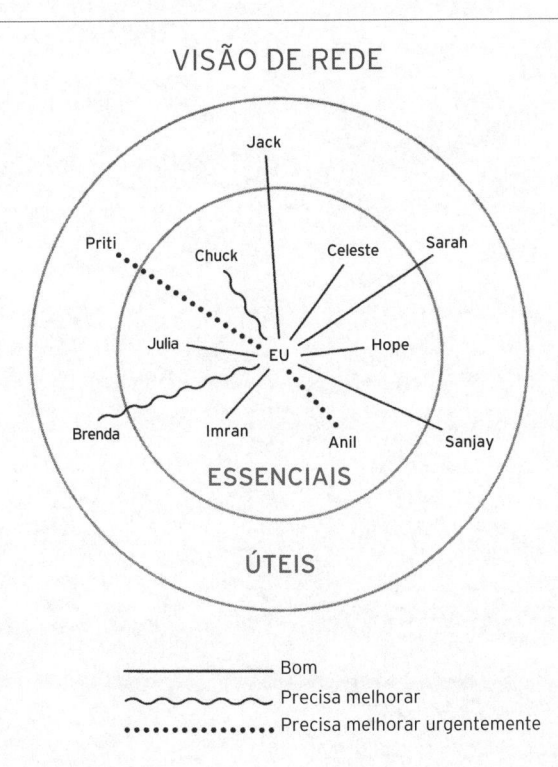

VISÃO DE REDE

Jack
Priti
Chuck
Celeste
Sarah
Julia
EU
Hope
Brenda
Imran
Anil
Sanjay

ESSENCIAIS

ÚTEIS

———— Bom
∼∼∼∼ Precisa melhorar
•••••••• Precisa melhorar urgentemente

9
ELEVE SEU PERFIL GLOBAL

Quer esteja estudando, no início da carreira ou já empregado em uma organização, você pode ter certeza de uma coisa — perguntas serão feitas a seu respeito. Seja para escrever sobre si mesmo, fazer uma descrição verbal em uma entrevista formal ou informal ou se apresentar no elevador.

Para ter sucesso globalmente você precisa ter um perfil forte, mas montar seu perfil pessoal é muito mais que uma questão de desenvolver material promocional individual e estar nos sites relevantes da internet, como Twitter e Facebook. Essas atividades, apesar de importantes, somente fazem parte daquilo que é mais bem concebido como um gerenciamento tridimensional de relacionamentos. Montar seu perfil pessoal não é algo que você faz *para* os outros, mas que você cria através de interações com os outros.

Apresente as pessoas umas às outras

Em nosso livro *How to Manage in a Flat World*, introduzimos o conceito de uma "internet humana" para descrever como as empresas consistem essencialmente de miríades de relacionamentos entre pessoas e equipes. Os participantes globais mais eficazes prestam atenção às suas qualidades para formar relacionamentos; elas são vistas como uma habilidade essencial, não como uma coisa "intangível" ou secundária.

É importante observar que os melhores membros de redes não apenas se promovem, mas constroem relacionamentos com as pessoas que encontram. Quando fizer um contato, pense mais nas necessidades da outra pessoa do que nas suas. Você quer realmente conhecê-la ou está apenas se promovendo como alguém que é bem conectado? Caso você promova um contato útil para duas pessoas, elas irão lhe agradecer. Isto está de acordo com o princípio de que seu perfil e seu trabalho dependem de uma rede de relacionamentos tanto quanto de suas realizações individuais. Uma cultura de recomendar pessoas para pessoas beneficia todos os envolvidos, e ser recomendado é o caminho mais valioso para o trabalho e as promoções.

> Fui a Mumbai conhecendo uma pessoa, meu futuro patrão. Um cliente havia me dado o nome do seu irmão que vivia lá e uma amiga da África do Sul tinha dado o nome de uma pessoa que eu poderia contatar, o qual havia sido dado pelo seu vizinho. Sei que parece loucura, mas, acreditem ou não, aquelas duas pessoas, entre mais de 22 milhões na cidade, se conheciam em um contexto de trabalho. Uma delas era jornalista e cobria a indústria do turismo em um jornal diário; a outra era um executivo de uma agência de viagens. Eles tinham se conhecido jogando tênis, pois eram sócios do mesmo clube. Ambos se beneficiavam daquela amizade – o jornalista por conseguir sempre uma boa matéria e a agência de viagens por uma boa publicidade gratuita.
>
> **(Consultor, anteriormente em Hong Kong, que havia recebido uma oferta de emprego na Índia)**
>
> Viajo e me mudo muito em função do meu trabalho; assim, dedico tempo para me conectar com bons amigos e parentes, não importa onde eu esteja. O Skype é barato, mas há outros recursos, como os cartões internacionais de chamadas. Se você está usando seu celular, realmente custa pouco. Gosto do MSN Messenger para fazer contatos regulares, pelo menos meia dúzia por dia, com meu namorado. Hoje, a tecnologia significa que não há desculpas para não manter contato. Agora nunca me sinto só... Alguém está sempre se conectando em alguma outra hora do dia, de outra parte do mundo.
>
> **(Consultora de uma empresa internacional de consultoria estratégica, sediada em São Paulo)**

Mas não seja calculista demais; é contraproducente esperar um retorno imediato. O trabalho deve ser divertido e sociável, além de ser uma fonte de lucros e realizações.

Faça-me um favor

Um perfil não é apenas uma questão de divulgar *on-line* suas realizações no trabalho. É mais exato pensar nele como um resumo dos seus relacionamentos. Desta maneira, começamos a entender nosso perfil no mundo dos negócios de uma forma mais tridimensional — até que ponto seus relacionamentos são *fortes* e *quantos* são eles.

Um perfil também não é um cálculo sobre que favores você deve a alguém, ou que favores você acha que alguém lhe deve. Ele deve ser um relacionamento genuíno de trabalho, que o deixa livre para pedir informações ou ajuda e vice-versa, sem retorno.

Afinal, o que é um favor? Favores e expectativas mútuas são fortemente influenciados pela cultura. Por exemplo, se você é novo em um país e seu parceiro de negócios lhe proporciona uma estadia luxuosa, isso é uma hospitalidade normal? No Reino Unido, é incomum convidar um colega de outro país para jantar, mas é comum ir a um bar para um drinque. Na África do Sul, por outro lado, é comum convidar colegas do exterior para uma visita caseira. Caso seja convidado, não esqueça de levar uma caixa de chocolates ou algumas flores. Um pouco de pesquisa sobre os costumes do país, de preferência através de conversas com pessoas que lá trabalharam durante anos, é uma boa preparação.

Retornos instantâneos? Improváveis

Um livro publicado há alguns anos, intitulado *How to Get a Pay Rise*, de Ros Jay, continha um conselho memorável: "Faça por merecer um aumento — e saiba como pedi-lo". O mesmo vale para qualquer favor ou adiantamento. Os lados pessoal e profissional sempre estão muito entrelaçados. Confiamos em alguém que achamos que fará um bom trabalho e nossa confiança cresce à medida que essa pessoa cumpre o que se esperava dela; então, começamos a vê-la como alguém que não irá nos deixar na mão. Mas se você fez um esforço extra e não recebeu o adiantamento nem o retorno esperado de um favor, você se sente usado e o relacionamento pode desandar. Permaneça neutro.

Em cenários internacionais, esses relacionamentos são naturalmente mais complexos e exigem atenção especial. Com frequência, é necessária mais de uma forma de comunicação para se verificar que haja um entendimento comum sobre as expectativas. É útil usar mais de um meio: por exemplo, faça o acompanhamento de uma reunião com um telefonema extra, alguns textos ou e-mails para comunicar o progresso de determinado projeto. Isto vale em especial para o caso de um de vocês, ou ambos, estarem se comunicando em um segundo idioma.

> Recebi um telefonema de um ex-colega depois de 18 meses... do nada. Ele tinha ouvido falar que eu iria deixar o país e voltar para casa e havia ligado para me desejar tudo de bom. Fiquei emocionado por ele ainda se lembrar de mim. Uma hora depois, ele enviou uma mensagem de texto, pedindo que eu o recomendasse para meu chefe para o cargo que eu estava deixando. Não me dei ao trabalho de responder. Fiquei muito aborrecido.
>
> **(Gerente de marketing de uma empresa de telecomunicações na Turquia)**

O poder das conversas

Os relacionamentos mais profundos e verdadeiros vêm através de conversas prolongadas. Criar espaço para conversas, pessoais ou *on-line*, raramente é uma prioridade na apressada atmosfera dos negócios de hoje. Com a internet operando como um *shopping center* mundial que nunca fecha, e os gerentes focalizados na realização do trabalho, raramente existe tempo de folga para falar a respeito de qualquer coisa que não seja a tarefa em mãos. Mas criar esse espaço de tempos em tempos é um investimento essencial em relacionamentos pessoais e profissionais.

Há 30 ou 40 anos, era mais comum colegas de trabalho terem longos almoços juntos, em que a conversa passava por uma ampla gama de assuntos. Essas conversas propiciam uma compreensão mais plena, não apenas das qualidades, aspirações e até mesmo preocupações imediatas dos seus parceiros, mas também das motivações mais profundas que eles trazem para o seu trabalho. Quais eram as suas ambições na infância? Eles se veem em um papel corporativo ou pensam só em sua vida pessoal? Sua principal motivação para o projeto em andamento é ganhar dinheiro e encerrar a carreira ou a criação de uma boa reputação? O que é *realmente* importante para uma pessoa: a originalidade do trabalho ou a atenção para os detalhes? Pense a respeito da última vez em que teve qualquer conversa desta natureza com um colega, fornecedor ou cliente. Ou mesmo com seu primo, vizinho ou amigo da escola.

Toda pessoa traz para seu trabalho uma "hinterlândia" – termo criado pelo político britânico Denis Healey que se refere aos seus outros interesses e suas motivações mais profundas fora do trabalho. Para relacionamentos de longo prazo e profundos, cujo resultado é de grande importância para, pelo menos, uma das pessoas, é importante que elas se conheçam além do relacionamento de trabalho, o qual pode ser mais superficial.

Assim, procure descobrir dados pessoais – onde a pessoa cresceu, seus passatempos e interesses especiais, empregos anteriores, filhos e assim por diante. Muitas vezes as ligações provêm de uma paixão comum, seja por críquete, futebol, música clássica ou dança. E também pode haver, no íntimo da pessoa, uma indicação de por que um determinado projeto significa tanto para ela. Afinal, trata-se da mesma pessoa no trabalho e em casa.

> *Em um recente evento fora da empresa, o facilitador insistiu para que descobríssemos coisas a respeito de nossos colegas. No início, nós nos mostramos cínicos, já que trabalhávamos juntos havia 15 anos. Achamos o exercício uma perda de tempo valioso. Porém, uma hora depois estávamos todos estupefatos por descobrir o pouco que sabíamos sobre as famílias, esposas, pais e filhos dos nossos colegas, para não falar dos hobbies, o que faziam nas horas de folga. Um deles cantava em um coral, outro gostava de cozinhar e outro passava quatro horas semanais fazendo trabalho voluntário em um hospital infantil. É estranho como se pode saber pouco a respeito das pessoas com as quais você está em contato regular.*
> (Membro do comitê executivo de uma empresa de varejo, em uma reunião da diretoria)

Maior igualdade de oportunidades

Há muitos desafios e dificuldades quando se começa a trabalhar globalmente, e também muitas oportunidades e recompensas. A perspectiva de trabalhar em uma cultura e jurisdição diferentes, com pessoas de formações muito diversas, parece ser ao mesmo tempo uma questão de desafio e dificuldade. Mas, para algumas pessoas, isso pode tornar a vida profissional mais fácil, interessante e divertida.

Pense em alguns dos desafios enfrentados pelas pessoas: discriminação de gênero e idade e preconceitos nacionais e culturais. Em todos os países, inclusive naqueles em que os políticos se esforçaram para tornar as coisas mais justas, existe uma hierarquia não escrita, com um número quase infinito de "gradações" sutis indicando o *status*. Quando trabalhamos em nosso país-natal, também estamos sujeitos a atitudes do gênero. A escola ou universidade que frequentamos, nossa religião, nossas preferências alimentares, as frases comuns que usamos e – acima de tudo – o sotaque com que falamos muitas vezes nos colocam em algum ponto dessa hierarquia. Até mesmo seu sobrenome pode denotar uma posição alta ou baixa em algumas regiões. Nas Américas, por exemplo, possuir um sobrenome nativo costuma ser menos vantajoso que um sobrenome europeu.

Quando trabalhamos no país em que crescemos é difícil ignorar as preferências e os estereótipos nacionais. Quantas vezes você procurou não supor que uma pessoa com os modos e a voz tradicionalmente associados a um grupo conhecido por sua riqueza, inteligência e padrão de ensino "deva" ser mais inteligente e capaz do que quem não tem essas características? Ironicamente, algumas pessoas que adotam políticas liberais "progressistas" são as que mais desprezam as pessoas de regiões rurais muito pobres, comumente associadas a visões de mundo mais conservadoras.

Em muitos países, o sotaque é um indicador importante e, para algumas pessoas, a maior desvantagem. De modo geral, os sotaques "elegantes", associados a influência e acesso às instituições de ensino mais prestigiosas e às classes média ou alta, têm *status* mais elevado. Com os sotaques de áreas rurais e mais pobres, ocorre o oposto.

Porém, quando se trabalha globalmente, isto costuma ser menos relevante. Se você não trabalha com ninguém do seu país-natal, não tem importância nenhuma. Isso pode ser um alívio. Seus colegas provavelmente não sabem que seu sotaque provém de uma parte "menor" do seu país. Eles não sabem que sua família não podia pagar uma universidade de prestígio. Também não sabem que você precisou aprender inglês em uma escola noturna, pois trabalhava durante o dia. Enquanto você realizar seu trabalho com um alto padrão, eles acharão que sua educação é boa o suficiente e darão valor à ética de trabalho que você provavelmente possui se optou por esta carreira.

> *Ser muçulmano na Índia tornava difícil ser promovido na empresa indiana na qual eu trabalhava. Na França, ninguém sabia que religião eu tinha; todos sabiam que era indiano e isso era suficiente.*
> (Diretor financeiro de uma empresa de bens de consumo, nascido em Bangalore e hoje vivendo em Marselha)

No mundo do trabalho global, você pode ter acesso a pessoas influentes e trabalhar ao lado delas. Em seu próprio país, mesmo que exista o assim chamado "politicamente correto", você pode ser impedido de se conectar a elas. Outra possibilidade é que, quando trabalhamos em nosso país-natal, contemos com nosso sentimento de inferioridade se, por exemplo, viemos "do lado errado da rua" ou pertencemos a uma religião minoritária. O fato de seu pai ter sido varredor de rua ou ter tido um pequeno comércio pode constituir um obstáculo real em uma empresa em que os pais dos funcionários eram, em geral, médicos ou advogados. Isto pode influenciar sua visão do mundo – supor que você não pode progredir.

> *Meu marido era de uma classe operária do norte da Inglaterra. Seu sotaque o denunciava no banco em que trabalhava, no centro financeiro de Londres. Aquela promoção nunca veio. É estranho como ele ascendeu rapidamente ao topo quando foi trabalhar em Cingapura. Em pouco tempo ele era chefe de área. Foi uma surpresa ainda maior ver como nossa posição social era elevada. Éramos convidados para todos os tipos de eventos para os quais não seríamos convidados em Manchester ou em Londres. Para a carreira, foi a melhor decisão que já tomamos.*
>
> (Esposa do Diretor de Informação de um banco britânico)

Assim, apesar de todas as dificuldades e dos preconceitos inesperados que você ainda possa enfrentar trabalhando internacionalmente, para algumas pessoas há maior igualdade de oportunidades. Você pode progredir baseado em suas habilidades e sua capacidade para aprender. Você pode se estabelecer com a confiança e a liberdade que fluem deste fato. Para algumas pessoas, o perfil pessoal pode florescer mais em um campo global do que dentro dos limites, das restrições e dos preconceitos do seu próprio país. Aproveite!

Agora somos todos editores

Há pouco mais de dez anos, Tom Peters, em seu influente artigo na revista *Fast Company* intitulado "The Brand Called You", introduziu o conceito de ser o CEO da empresa EU S.A.

> *Independentemente de idade, posição e da empresa em que estamos, todos nós precisamos entender a importância da marca. Somos CEOs de nossas próprias empresas:* Eu S.A. *Nos negócios de hoje, nossa tarefa mais importante é fazer o marketing da marca chamada* Você.

Alguns passam para a linguagem de marketing mais depressa que outros; tudo que existe por baixo é um conceito simples. Qual é a imagem e quais são os sentimentos que seu nome evoca na mente dos outros? Vale a pena pensar a esse respeito. No capítulo anterior, discutimos o desenvolvimento da rede de contatos e sua visualização. Também é importante considerar como as pessoas daquela rede se sentem a seu respeito.

Se você se imagina como uma miniempresa, pode pensar em termos de ganhos em curto prazo, investimentos em longo prazo e assim por diante. Tudo isso tem como base sua marca pessoal. Quem é você? Como está? Sua reputação é merecida? Você precisa se promover mais? Ou precisa de menos promoção e mais tempo para aperfeiçoar seus resultados e ter algum sucesso real?

Como trabalhador global, é essencial que você tenha um forte perfil na web, estar pelo menos em dois sites de redes e ter algum tipo de blog. Pense a respeito do perfil pessoal que deseja para você – e por quê.

Algumas pessoas necessitam de um perfil mais público do que outras, dependendo do seu papel. Profissionais de marketing, porta-vozes, comunicadores e colunistas têm maior necessidade de um perfil público, ao passo que os clientes de alguns conselheiros e consultores podem não querer que eles sejam demasiado visíveis. Você precisa ter o tipo certo de perfil, e não necessariamente o maior de todos. Todos precisam de uma rede forte de contatos, mas alguns têm de ser mais discretos que os outros.

A presença na web é somente uma parte do desenvolvimento do seu perfil pessoal, mas é uma parte vital. Os gritos de angústia dos grupos editoriais tradicionais por causa das receitas publicitárias em declínio refletem o fato de que "agora somos todos editores". Em cinco minutos, você cria um blog e começa a digitar e em outros cinco cria um fundo personalizado. Não custa nada. Você também pode escolher algumas pessoas que admira, ler seus blogs e começar a se comunicar com elas. Você imaginava que seria tão fácil?

Ponha-se no comando

Fala-se e especula-se muito a respeito de a web ou a globalização terem mudado nosso modo de pensar, nosso comportamento e nosso modo de trabalhar. Algumas vezes, é como se houvesse forças estranhas operando fora do nosso controle e fôssemos apenas vítimas indefesas. É claro que há coisas a cujo respeito pouco podemos fazer, mas isso aumenta a importância de controlarmos aquilo que *podemos*, de lembrarmos sempre de que somos seres conscientes, com vontade própria e poder para escolher nosso destino.

Pense na estratégia de velejar: você não pode determinar o tempo, mas pode decidir se quer acabar no local para o qual o vento o empurra ou posicionar as velas, o leme e traçar seu próprio curso. É muito parecido com construir seu perfil internacional. Use a web, não deixe que ela o use. Controle sua carreira, sua imagem e sua reputação.

Isto soa fora de moda para os mais tímidos, mas procure tornar-se visível. Ofereça-se para projetos extras, trabalhe para uma ONG, lecione em uma faculdade, ofereça-se para ser curador de um fundo de pensão. Não recuse oportunidades de ser orador ou participar de painéis em conferências, ou de falar em um seminário. Nunca se esqueça de dar atenção aos seus colegas e ajudá-los.

Não se torne indesejado

Para elevar seu perfil, mais nem sempre é melhor. Se você bombardear as pessoas com mensagens e autopromoção, irá irritá-las em vez de atraí-las. A promoção simplista de você como uma "marca" pode ter funcionado na propaganda massificada do século XX para vender sabão em pó nos primeiros dias da televisão, mas não serve para a tarefa sofisticada de promovê-lo na economia moderna. Um comentarista da CNN recorda:

> *Um sujeito de quem eu era amigo na escola sempre envia* links *para mostrar como ele é bem-sucedido. Sempre que recebe uma promoção ou muda de emprego, envia milhares de e-mails da comunicação interna da empresa. São as únicas vezes em que ouço alguma coisa dele, que não se dá ao trabalho de responder e-mails. Acho isso nauseante.*

EXERCÍCIOS: ELEVE SEU PERFIL GLOBAL

1. Relacione as pessoas com quem você interage regularmente, com que frequência se comunica com cada uma e que mídia você está usando (e-mail, rede social, blog, telefone, encontros pessoais). Assinale as cinco que desempenham a parte mais importante em sua carreira.
2. Escolha três pessoas cujos blogs você gostaria de acompanhar e passe a fazer comentários. Podem ser acadêmicos, políticos, cientistas ou economistas cujas visões você admira.
3. Certifique-se de sempre ter sua conversa de elevador pronta e atualizada. Escreva-a e ensaie. Você nunca sabe quando irá precisar dela.
4. Entre no Twitter ou outra rede social que, para você, poderá ampliar não só suas redes pessoais, mas também seus horizontes.
5. Melhore o mecanismo de busca dos seus websites criando chamadas de suas páginas em sites como o Twitter e o Facebook.
6. Crie seu perfil pessoal. Para ter sucesso em qualquer lugar, você irá precisar de um perfil *on-line* forte. Lembre-se de mantê-lo global e livre de jargão cultural.
   - Um bom lugar para começar é www.google.com/profiles. Este *link* irá ajudá-lo a entender como fazer e também dá alguns exemplos de perfis pessoais
   - Lembre-se de que quando as pessoas optam por clicar em seu nome ou sua foto elas estão querendo descobrir informações a seu respeito – qual é sua especialidade e o que faz sua empresa. Você normalmente quer incluir informações sobre sua perspectiva e suas opiniões e, às vezes, seus *hobbies* e seus antecedentes. Essas informações devem ser fáceis de achar em seu perfil.
   - Escolha uma foto que melhor o represente no contexto do seu papel e da sua empresa. Certifique-se de que ela não o faça parecer pouco amigável ou inacessível, uma vez que seu objetivo é fazer contatos.

SEU PERFIL *ON-LINE* (AMOSTRA)

Olá, sou Alex Smidt e sou um assistente virtual. Tenho um certificado da International Virtual Assistants Association (http://www.ivaa.org).

Minha especialidade é escrita técnica – supervisionei a produção de manuais para uma firma de engenharia em Frankfurt. Tenho mestrado em engenharia e continuo a estudar metodologias de comunicação. Estou atualmente escrevendo o conteúdo de cursos de aprendizado eletrônico baseados na web, bem como o conteúdo de um *webinário* para o chefe de operações daquela organização.

Antes de me tornar consultor/administrador independente, trabalhei para o departamento de P&D da Siemens.

Estou em busca de novos clientes e receberei bem a oportunidade de preparar informações técnicas. Posso oferecer referências mediante solicitação.

10

ADMINISTRE SEU TEMPO ATRAVÉS DOS FUSOS HORÁRIOS

"Se eu tivesse mais tempo" é algo em que sempre pensamos. Quando fusos horários, diferenças culturais e complexidades de idiomas são ingredientes adicionais – como você irá constatar em um papel internacional –, distribuir seu tempo para focalizar aquilo que realmente precisa ser feito requer ainda mais planejamento e concentração. Para permanecer atualizado, lembre-se de que, assim como não temos que deixar que a tecnologia nos controle, o mesmo se dá com o relógio – podemos controlar muitos aspectos de uma vida ocupada, com suas demandas e prioridades conflitantes. Assim, em vez de lamentar nossa incapacidade de retardar a rotação do globo, é melhor buscar os assuntos que podem ser colocados sob nossa jurisdição.

Definir prioridades: Será que tudo tem de ser feito agora, neste minuto, amanhã? Quais são os prazos reais aos olhos dos clientes e outros interessados importantes? Se não posso cuidar de algo imediatamente, preciso planejar quando irei fazê-lo, colocar lembretes por garantia e me comunicar com as pessoas que esperam minha contribuição para que as expectativas sejam compreendidas. Em uma posição global, você se dá ao luxo de solucionar um problema ou deliberar sobre uma decisão enquanto uma pessoa no outro lado do mundo dorme profundamente. Por outro lado, você talvez precise concluir um trabalho antes de ir para casa, para que seu cliente ou patrão tenha aquilo de que necessita, não importando se é tarde para você.

Gerenciar relacionamentos: Todas as pessoas razoáveis na sua rede sabem que você tem outros compromissos e não pode satisfazer as necessidades delas com exclusividade 24 horas por dia. Lidar com prazos ou eventos conflitantes significa lidar com relacionamentos lançando mão de sensibilidade. Se você não puder cuidar de uma coisa ou estar em um lugar, precisará pensar a respeito de como isso irá afetar o relacionamento – e falar com a pessoa quando puder. Mas você deve pelo menos conversar com ela e informar sua posição.

Delegação eficaz: Se você é um membro importante de uma equipe internacional, será bom que seus colegas, chefes e clientes saibam quem deverão contatar caso você não esteja disponível. Certifique-se de instalar uma resposta automática em seus e-mails, informando que está "fora do trabalho", deixando os detalhes para contato com um ou mais membros da sua equipe, para que as pessoas saibam por que você não está respondendo e a quem elas podem recorrer em busca de ajuda. Isto também ajudará seus colegas a ter expectativas realistas sobre sua disponibilidade e sobre quando você voltará a estar disponível. Considere a história abaixo:

> *Recuso-me a carregar um Blackberry, pois ele quase acabou com meu casamento. Eu me levantava às 3 da manhã para ir ao banheiro e ficava verificando meus e-mails, às vezes por meia hora. Finalmente, graças a Deus, minha mulher acabou com aquilo. Mas então os membros da minha equipe já haviam se acostumado com a ideia de que eu responderia os e-mails dentro de duas horas, não importando o fuso horário de onde estava. Por fim, ela se recusou a ter o aparelho em nossa casa, pois eu era incapaz de não verificá-lo a cada poucos minutos.*
> (Gerente sediado em Londres de uma divisão de terceirização de uma empresa indiana, com equipes na Carolina do Norte, Chennai, Dublin, Cracóvia e Melbourne)

Isso lhe parece familiar? Quantas pessoas vão para a cama com seu *laptop*, especialmente se seu parceiro ou cônjuge também o faz? Quantos pais carregaram um bebê chorando no joelho enquanto digitavam com a outra mão? A tensão de trabalhar em diferentes fusos horários pode ser esmagadora, em especial se você permite que isso domine sua vida.

Gerenciar seu tempo já é difícil em condições normais, mas os fusos horários adicionaram uma nova dificuldade à execução de um trabalho em jornadas semanais de 40-50 horas, outrora consideradas normais. Quando as viagens invadem seu espaço, você poderá chegar à sua casa quando todos já foram dormir e viajar para participar de reuniões nos fins de semana. Essas semanas de trabalho podem se estender por mais de 55 horas. Se você ainda checar seus e-mails tarde da noite e logo de manhã, então não terá tempo para mais nada.

> **ITENS BÁSICOS DO GERENCIAMENTO DO TEMPO**
>
> Muitas pessoas já leram a respeito ou receberam treinamento sobre gerenciamento do tempo. Caso não esteja familiarizado com o básico, você poderá encontrar muitos programas de aprendizado eletrônico, artigos e sites sobre o assunto. Aqui estão alguns:
> - Time Management, por Randy Pausch: http://video.google.com/video play?docid=5784740380335567758
> - Woopidoo.com: http://www.woopidoo.com
> - E-mail Overload Training Experts: http://www.getcontrol.net
> - MindTools Time Management Trining: http://www.mindtools.com/pages/main/newMN_HTE.htm

O melhor lugar para começar é com você

No início do seu trabalho na próxima semana, anote todo o tempo que passar trabalhando ativamente, até os quartos de hora. Isto não significa necessariamente o tempo que pensa no trabalho enquanto dirige seu carro ou caminha até a estação do trem. É melhor incluir o tempo gasto ao telefone, escrevendo e respondendo e-mails, o tempo em teleconferências, em reuniões ou trabalhando em assuntos específicos. Se você trabalha em casa pela manhã e nos fins de tarde, não se esqueça de incluir esse tempo. Você poderá ficar surpreso ao constatar como sua vida profissional acabou com o resto da sua vida.

A seguir, faça um plano de quanto tempo você quer gastar fazendo o que e onde. Não há problemas em fazer ligações no fim da tarde e responder os e-mails antes de ir para o trabalho, apenas esteja consciente do que está fazendo e quando. E assuma o controle do seu tempo.

> *A empresa chinesa para a qual trabalho está sediada em Pequim e opera 24 horas por dia, 7 dias por semana. Alguns fornecedores estão sediados na Índia e na Geórgia, e é uma luta permanente para garantir que tenhamos os estoques necessários à fabricação de nossos produtos. Normalmente, eu luto para ter certeza de que haja matéria-prima disponível. Muitas vezes os suprimentos ficam presos nos portos, as questões aduaneiras podem ser problemáticas e com frequência temos urgência*

das liberações. Estou à disposição o tempo todo. Embora conte com uma equipe competente, eu reluto em pedir que ela fique à disposição para me dar um pouco de folga, porque são todos muito ocupados.

(Chang W., gerente de suprimentos de uma fabricante de automóveis)

Refletindo sobre sua situação, Chang se deu conta de que não era necessariamente ele que precisava estar constantemente à disposição. Afinal, ele tinha uma equipe perfeitamente competente. "Por que", perguntou-se ele, "temos essa necessidade de saber e estar no controle de tudo?". Ele começou a planejar o trabalho de uma forma mais organizada, criando responsabilidades claras quanto a quem fazia o que na equipe. Depois de poucos meses aprendendo a delegar, ele descobriu que poderia voltar a praticar esgrima, seu esporte favorito. Ele refletiu:

É estranho como eu não me dava conta de que partes boas da minha vida haviam desaparecido. Eu tinha imaginado que eu, e somente eu, era capaz de fazer uma parte do trabalho. É estranho reconhecer como aquilo aconteceu e que, com um pouco de previsão e planejamento, eu voltei a assumir o controle.

A propósito, os membros da equipe dele sentiram que finalmente estavam aprendendo coisas novas e gostaram de assumir mais responsabilidades.

Cada pessoa tem muitas grandes prioridades na vida, como construir uma carreira, comprar uma casa ou fundar uma empresa. Também há coisas que gostamos de fazer. Além disso, existem coisas que devemos fazer, como compras, cozinhar e participar de compromissos familiares. Tome cuidado com as muitas coisas que simplesmente entulham seu tempo. Reflita sobre três coisas realmente próximas do seu coração. Elas podem incluir manter a forma, seu trabalho, um *hobby* especial, sair com amigos, passar tempo com os filhos.

Tarefas rotineiras, tempos estranhos

Se você faz parte de uma equipe internacional, de múltiplas equipes ou viaja com frequência – ou qualquer combinação disso –, precisa inventar tempos e locais incomuns para se atualizar. Você tem uma teleconferência às nove horas da noite e cuida de assuntos pessoais na manhã seguinte; redige uma apresentação na sala de embarque do aeroporto; lê um relatório no desjejum, enquanto o café não fica pronto; faz uma ligação importante pelo celular a caminho da lavanderia; pensa sobre um problema de trabalho enquanto faz exercícios ou se ocupa com tarefas rotineiras, como cozinhar, fazer a barba ou lavar a louça; e, quando acorda sob o efeito do *jet lag* às quatro da manhã, você pode decidir se irá praticar ioga, desfazer a mala ou terminar o relatório.

A inspiração pode vir das fontes mais improváveis, nas horas mais estranhas. A famosa técnica do "canudo flexível" da Shell, usada para extrair petróleo em lugares difíceis minimizando danos ambientais, foi inspirada pelo fato de o engenheiro Jaap van Ballegooijen ter reparado que seu filho invertia o canudinho para ter acesso a pequenas quantidades de milkshake que ficavam por baixo dos cubos de gelo.

Isto posto, é importante dispor de algum tempo completamente desligado do trabalho, deixar o cérebro descansar e se recuperar, e permitir que seus relacionamentos pessoais tenham tempo e espaço, livres das demandas do trabalho. Não deixamos nosso carro ou computador sem assistência técnica, mas devemos muito mais a nós mesmos e nossas famílias.

Gerencie expectativas

Um bom lugar para começar a lidar com o devastador sentimento de "tanta coisa para fazer e nunca ter tempo suficiente" é a boa e velha lista de "coisas para fazer". Mas não anote apenas o que precisa ser feito; mais importante, registre como você irá conseguir tempo para as pessoas importantes da sua vida. Gerenciar o tempo de forma eficaz é como gerenciar relacionamentos em horas e minutos, aquele tempo que você passa com colegas, sua família, amigos e clientes... realmente à disposição deles.

Pense nas pessoas a quem você gostaria de responder imediatamente ou com quem gostaria de estar regularmente, até mesmo algumas vezes por dia. Decida de quem são os telefonemas e e-mails mais importantes: meu marido, meu(s) chefe(s), meus filhos, meus clientes, minha equipe, meus pais, meus amigos, a babá.

Naturalmente, a importância das pessoas irá variar de uma semana para outra e de um dia para outro, à medida que prazos, pressões do trabalho, demandas e eventos imprevistos, como doenças, ocorram.

Prepare pastas separadas em seu programa de e-mail. Dessa maneira, você não irá enfrentar diariamente centenas de e-mails desorganizados e terá clareza a respeito daqueles que precisa resolver prontamente. Caso haja membros da família ou amigos com os quais você quer ter conexão imediata, a aplicação de mensagem instantânea em seu celular pode ajudá-lo. Instale toques diferentes em seu celular para ajudá-lo a decidir quais chamadas receber e quais deixar para depois.

Se você lidera uma equipe, informe seus membros de que há determinadas horas (em fins de semana ou à noite) em que não é conveniente chamá-lo. As mensagens de texto são uma boa maneira de enviar e receber mensagens sem atrapalhar. Use-as.

Faça seus ANSPs

Se você viaja muito, uma boa ideia pode ser combinar "acordos de nível de serviços personalizados" com o pessoal de casa e do trabalho, nos quais você define o nível dos "serviços" que eles podem esperar de você:

> *Minha mulher sabe que eu sempre ligo quando meu voo aterrissa, em qualquer horário. As crianças sabem que ligo para elas todas as noites, meia hora antes de irem dormir. Às vezes, é difícil ligar nessas horas, mas faço questão de nunca falhar, mesmo que em meu mundo sejam 3 da manhã.*
>
> (Chefe de vendas de uma montadora global de automóveis, sediada em Tóquio)

Você também pode decidir que, a menos que esteja em voo, normalmente responderá aos e-mails do seu chefe dentro de uma ou duas horas, dos colegas em diferentes lugares, dentro de quatro horas, e dos clientes, dentro de duas horas. É importante dar retorno às pessoas e informar que você recebeu o e-mail e quando poderá responder, caso haja algo em que você precisa pensar ou que deva investigar. A conexão fica difícil se as pessoas não recebem uma resposta pela qual ficaram esperando um dia, sem saber se o seu e-mail foi lido, ignorado ou considerado sem importância. Tome cuidado para não ser apelidado de "Ligarei para você", se usar essa frase apenas como tática de adiamento.

Acorde, está na hora de dormir

Se você viaja muito, o *jet lag* é algo que continuará a incomodá-lo, não importa o que faça para evitá-lo. Algumas pessoas acham que remédios funcionam, mas é melhor buscar orientação médica. Caso siga os conselhos básicos

– evitar álcool, chá e café, e beber muita água para se manter hidratado –, você deverá conseguir lidar com ele. No aeroporto, caminhe bastante; a maioria deles é grande o suficiente para que você caminhe 30 minutos pelo terminal quando estiver em trânsito ou adiantado para seu voo.

Explique à sua família, que talvez não viaje entre fusos horários diferentes, como o *jet lag* o afeta. Assim, ela não irá se preocupar se você cochilar em horas estranhas ou lutar contra a insônia quando deveria estar dormindo.

EXERCÍCIO: CONSCIÊNCIA DO TEMPO NO MUNDO

No início deste livro, recomendamos o exercício de olhar para o mundo de um ponto incomum. Esse simples exercício mental nos ajuda a manter a consciência de que a empresa e o trabalhador estão ligados ao mundo e que este é um globo.

A consciência das diferenças no tempo está muito ligada a isso – assim como a consciência do tempo. A economia mundial funciona 24 horas todos os dias, mas isso não significa que você também deva fazê-lo.

1. Faça uma lista dos países e cidades nos quais você tem clientes, fornecedores, colegas, chefes, parentes e amigos. A seguir, faça uma tabela da diferença de tempo usando + ou – em relação a onde você está. Por exemplo, se você busca uma ONG em Cabul e sua sede está em Houston (-9:30), seu financiamento vem de Bruxelas (-2:30) e seus pais vivem em Melbourne (+5:30), então você pode ter em mãos uma calculadora.

2. Para alguns países ocidentais, o fim de semana equivale ao sábado e ao domingo. Para muitos no Oriente Médio, à sexta e sábado ou só à sexta-feira. Para outros, só ao sábado. Faça uma lista dos países em que você pode trabalhar e se conectar em nível pessoal, para ter a certeza de não incomodar as pessoas em seus dias de folga.

3. Lembre-se de que muitos países têm horário de verão para poupar energia. Verifique as datas das mudanças.

continua >>>

4. Anote as várias horas do horário comercial em que as pessoas tendem a estar em lugares diferentes. Em Mumbai, por exemplo, os escritórios abrem oficialmente às 10h, mas as pessoas chegam entre 10h e 11h da manhã e saem entre 18h e 19h 30min. Compare com Nova York, onde as pessoas começam às 8h, mas saem às 17h 30min para jantar com os filhos. Os horários europeus não diferem muito; só os países escandinavos tendem a iniciar o trabalho muito mais cedo que outros países.
5. Transforme "The World Clock: Time Zone Converter" em *bookmark* em seu navegador. Você poderá descobrir a hora exata no lugar que quiser em um segundo (www.timeanddate.com/worldclock/converter.html).

CONCLUSÃO: ACERTE A VELA PARA PEGAR O VENTO GLOBAL

À medida que seguimos no rumo de uma economia mundial mais integrada, centenas de milhões de pessoas terão de operar globalmente. Ao mesmo tempo, não é desejável nem possível que histórias, instituições, culturas e preferências culinárias das diferentes nações do mundo sejam fundidas em um todo homogêneo. Sempre haverá oposição a empresas multinacionais dominantes, empresas *offshore*, migrações e o desaparecimento de determinados modos de vida. Mas a amizade não conhece fronteiras; e onde houver amizades e parcerias, haverá negócios. Já se especula que o Facebook poderá se tornar um banco!

Pense em quantas nacionalidades diferentes estavam na última nave espacial: uma equipe global de treze americanos, três russos, um ucraniano e um israelense – isso seria impensável no início dos anos 1990. Vale a pena notar que, até 2003, os astronautas eram patrocinados e treinados exclusivamente por governos, através de agências militares ou civis. Porém, com o voo suborbital da nave privada SpaceShipOne, em 2004, foi criada uma nova categoria de astronauta: o astronauta comercial. Esses viajantes do espaço poderão vir de qualquer lugar.

Também estamos começando a ver níveis elevados de colaboração internacional, com soluções através de fronteiras, à medida que as pressões ambientais aumentam com a população mundial.

Cada vez mais pessoas têm origens e identidades mistas – seus pais são de países diferentes, eles muitas vezes se mudaram quando crianças e provavelmente estudaram e trabalharam em mais de um país. Você poderia imaginar que alguém com pai queniano e mãe americana branca, que frequentou a escola no Havaí e na Indonésia, chegaria à presidência dos Estados Unidos?

No nível institucional, a crise de crédito mostrou a influência que o Estado-nação continua a exercer, mas também mostrou suas limitações. Cada vez mais as pessoas transacionam umas com as outras. Esperamos que parcerias e oportunidades internacionais continuem a contribuir para um debate aberto sobre o meio ambiente, atividades nucleares, apoio mútuo em tempos de desastres naturais, crises econômicas e, é claro, a paz.

Até mesmo as funções mais básicas da web alteraram fundamentalmente as perspectivas. Há vinte anos, se você quisesse ler um jornal de outro país, precisava fazer uma assinatura dispendiosa ou se mudar para uma grande capital onde as grandes livrarias vendessem publicações estrangeiras. Hoje você tem acesso *on-line*, e a maior parte do conteúdo é gratuita. Se você quisesse fazer novos relacionamentos com pessoas em regiões diferentes para praticar com idiomas, a alternativa seria viajar. Hoje você pode fazer isso através do LinkedIn, Twitter, Facebook e World Café. Existe uma maior necessidade de se pensar e operar globalmente, desenvolver uma atitude transcultural, e há mais oportunidades para fazê-lo. Isso facilita sua transformação em um Você Global.

É claro que isso continua a ser um formidável desafio pessoal. As barreiras ao trabalho global são de ordem prática e também cultural: aprender idiomas, lidar com diferenças de fuso, manter-se em dia com tecnologia, suportar o *jet lag*, equilibrar responsabilidades profissionais e familiares. A superação de diferenças culturais e preconceitos ainda é complexa, mas cada vez menos, com as pessoas viajando cada vez mais para trabalho e diversão.

E a despeito dos desafios para se pensar e trabalhar globalmente, existe em todo o mundo uma grande onda de boa vontade, um forte senso de negócios e o desejo de se conectar ou fazer comércio com pessoas do outro lado do mundo. E há um grande desejo de se aprender como fazer isso. Além disso, este sentimento está em todos os países, ricos e pobres, ocidentais e orientais. A mídia inevitavelmente se concentra em crises, divisões e conflitos, criando imagens negativas a respeito de algumas regiões e países. Porém, sob a superfície, a maioria das pessoas "comuns" quer apenas um bom emprego, mais oportunidades de carreira e boas perspectivas para suas famílias. Se elas não existem no país-natal, por que não trabalhar no exterior? Essas aspirações naturais estão chegando ao alcance de muitas pessoas de regiões anteriormente chamadas subdesenvolvidas, como mostra a ascensão dos países do BRIC – Brasil, Rússia, Índia e China.

Isto tem muitas implicações para as empresas internacionais, que passaram a ver essas regiões como consumidores e também locais de fabricação. O aprendizado cultural e a diversificação do pensamento são hoje obrigatórios para as empresas ocidentais de bens de consumo, tanto quanto para as empresas de tecnologia em ascensão na Índia.

Implemente essas dez estratégias e você estará bem equipado para ser um forte participante global. Não existem atalhos. Continue se preparando, continue a praticar e a planejar. Esperamos encontrá-lo em algum lugar da aldeia global. Acompanhe nosso blog (http://humaninternet.wordpress.com) e siga-nos no Twitter, @felipewh ou @monsue8.

BIBLIOGRAFIA

Aditya Birla Group, Gyanodaya. "How Global are You." 2010. <http://www.adityabirla.com/careers/gyanodaya.asp>.

Adler, N.J. "Conclusion: Future Issues in Global Leadership Development." In M.E. Mendenhall, T.M. Kühlman & G.K. Stahl (eds), *Developing Global Leaders: Policies, Processes, and Innovations*. Westport, CT: Quorum Books, 2001.

Black, J.S., H.B. Gregersen, M.E. Mendenhall, & J. McNett. *Globalizing People Through International Assignments*. New York: Addison-Wesley Longman, 1999.

Broad, L.M. & W.J. Newstrom. *Transfer of Training*. New York: Addison-Wesley, 1992.

Davis, D.D. & J.L. Bryant. "Influence at a Distance: Leadership in Global Virtual Teams." In W.H Mobley & P.W. Dorfman (eds), *Advances in Global Leadership* (Vol. 3). Stamford, CT: JAI Press, 2003.

Dorfman, P.W. "Introduction." In W.H Mobley & P.W. Dorfman (eds), *Advances in Global Leadership* (Vol 3). Stamford, CT: JAI Press, 2003.

Garavaglia, P. "Transfer of Training" in *American Society for Training and Development*, No. 9512. Alexandria, VA: American Society for Training and Development, 1955.

Georgenson, D.L. "The Problem of Transfer Calls for Partnership" in *Training and Development Journal*, 36 (10), 1982.

Georges, J.C. "The Myths of Soft-skills Training" in *Training*, 33 (1), p. 48, 1996.

Goleman, D. *Social Intelligence*. New York: Bantam Dell, 2007.

Goodwin, Doris Kearns. Team of Rivals. New York: Simon & Schuster, 2005.

Gupta, A.K. & V. Govindarajan. "Cultivating a Global Mind-set" in Academy of Management Executive, Vol. 16, No. 1, pp. 116-125, 2002.

Hessler, P. *Oracle Bones*. New York: Harper Collins, 2006.

Hoffmann, Charlotte. *An Introduction to Bilingualism*. London: Longman, 1991.

Jeannet, J.P. *Managing with a Global Mindset*. Financial Times/Prentice Hall, 2000.

Joni, S.-N. & D. Beyer. "How to Pick a Good Fight" in *Harvard Business Review*, December 2009.

Klein, Joe. "Obama's Team of Rivals" in *Time*, 18 June 2008.

McCall, M.W. & G.P. Hollenbeck. *Developing Global Executives*. Boston: Harvard Business School Press, 2002.

McGilchrist, Iain. *The Master and His Emissary: The Divided Brain and the Making of the Western World*. New Haven: Yale University Press, 2009.

Midgley, Mary. "The Master and His Emissary" *Guardian* review, 2 January 2010.

Mohan, A. *Making Learning Stick*. Gyanodaya, Aditya Birla Group, 2009.

Paris, Kathleen A. *The Clover Practice: Staying Healthy in Sick Organisations*. Charleston: BookSurge, 2008.

Pink, Daniel. *A Whole New Mind*. London: Marshall Cavendish, 2008.

Schneider, S., & J.L. Barsoux. *Managing Across Cultures*. London: Financial Times/Prentice Hall, 2003.

Senge, Peter, et al. *Schools That Learn*. New York: Doubleday, 2001.

Sobel, Dava. *Longitude: The True Story of a Lone Genius Who Solved the Greatest Scientific Problem of His Time*. New York: Walker, 1995.

Subedi, B.S. "Emerging Trends on Transfer of Learning" in *International Education Journal*, Vol. 5, No. 4, 2004.

Vinkenburg, C.J., P.G.W. Jansen & W. den Dekker. *Dimensions of an Individual Global Mindset*. http://ideas.repec.org/p/dgr/vuarem/2005-14.html.

AGRADECIMENTOS

Durante os últimos anos, ouvimos com atenção muitos CEOs, altos gerentes e funcionários de todos os níveis. Seus critérios, conhecimentos e experiências foram a base deste livro. Eles nos contaram sobre sucessos e fracassos, paixões e ansiedades e, é claro, muitas ideias práticas e úteis a respeito do trabalho multicontinental e multicultural. Estamos muito gratos pelo seu tempo e por suas visões. Esses desafios afetam todas as gerações, de calouros a equipes de elite e gurus de todas as partes, e temos confiança de que essas experiências de aprendizado serão úteis e interessantes para todos os leitores.

Para as centenas de gestores de todos os continentes, que dedicaram tempo para responder a nosso questionário *on-line*, nossos agradecimentos, pois foi graças a eles que conseguimos alicerçar firmemente este livro em pesquisas.

A equipe em Gyanosaya, o Adya Birla Institute of Management Learning, ofereceu um apoio valioso para o estudo de gestores globais e agradecemos sua assistência.

Também estamos gratos às crianças da família e aos amigos, que parecem ter muito mais confiança e sentem-se muito mais à vontade com tecnologia e conhecimento global. Temos todos muito a aprender com suas visões muito diferentes do mundo.

A Martin Liu e Justin Lau, da Marshall Cavendish, obrigado pelo apoio, pelos conselhos e pelo *feedback*.

SUSAN BLOCH

Susan Bloch passou recentemente três anos e meio trabalhando para dois conglomerados globais indianos e hoje trabalha como orientadora de executivos e consultora sobre liderança em Seattle, EUA. Nos últimos 20 anos, deu orientação a equipes de diversas grandes empresas em todo o mundo. Uma verdadeira cidadã global, viveu e trabalhou em cinco países – África do Sul, Estados Unidos, Israel, Reino Unido e Índia –, além de ter trabalhado em outros países europeus. Antes de se mudar para a Índia, foi sócia e Diretora de Pensamento de Liderança na Whitehead Mann, em Londres, atuando como orientadora executiva e conduzindo revisões de eficácia de conselhos de administração. Psicóloga formada, Susan é coautora de *How to Manage in a Flat World* (publicado em oito idiomas), *Employability* e *Complete Leadership*, além de ter produzido várias publicações de pesquisa.

PHILIP WHITELEY

Philip Whiteley é escritor e jornalista, especialista em administração, particularmente nas áreas de liderança, motivação e recursos humanos estratégicos. Escreveu numerosos artigos para *The Times*, em que contribuía com uma coluna semanal sobre recompensa estratégica; também colaborou com *Personnel Today, Director, CorpComms, Employee Benefits* e muitas outras publicações. Participou do BBC Newsnight discutindo o retrato do local de trabalho na mídia. É autor ou coautor de oito livros. O foco do seu trabalho está em contestar a abordagem mecanicista de grande parte da teoria dos negócios, com base em evidências que mostram que a abordagem humanista é mais lucrativa. É presidente do conselho do Human Capital Forum e editor-chefe de *Payroll World*. Proferiu numerosas palestras. É membro da Society of Authors e colabora com o Chartered Management Institute.

Este livro foi impresso pela Prol Gráfica
para a Rai Editora Ltda.